Experimentelles Drucken
Einfache Techniken, kunstvolle Effekte

Gudrun Hetzel-Kiefner

EXPERIMENTELLES DRUCKEN

Einfache Techniken, kunstvolle Effekte

ENGLISCH VERLAG

CIP-Titelaufnahme der Deutschen Bibliothek

Hetzel-Kiefner, Gudrun:
Experimentelles Drucken: einfache Techniken, kunstvolle Effekte/
Gudrun Hetzel-Kiefner. – Wiesbaden: Englisch 1989, 2. Auflage 1994
ISBN 3-8241-0369-9

Umschlag- und Innengestaltung Andreas Ruers.

Printed in Germany.

Inhaltsverzeichnis

Vorwort

Drucken, das ist für die meisten Menschen gleichbedeutend mit großem technischen Aufwand, mit riesigen Rotationsmaschinen oder doch zumindest mit Präzisionsarbeit an der Presse. Beinahe unbekannt ist, daß Drucken auch eine experimentelle Technik sein kann, die zu malerischen Unikaten führt.

Viele Menschen sind große Bewunderer der bildenden Kunst, halten sich aber selbst für unbegabt. Techniken wie das Zeichnen und Malen bescheren dem Anfänger sehr viele Mißerfolge. Bei mir war das nicht anders. Zeichnen war für mich ein Fremdwort, als ich meine ersten Holzschnitte fertigte. Von da an ließen mich die Drucktechniken nicht mehr los. Während meiner Studienzeit beschäftigte ich mich wiederholt damit. Auch jetzt, als selbständige Designerin, mache ich das experimentelle Drucken immer wieder zu meinem Thema. So entwickelte ich Techniken, die zugleich einfach und auch effektvoll sind; ein künstlerisches Betätigungsfeld, das vielen Menschen Freude bringen kann. In meiner Heimatstadt Offenburg biete ich Kurse für Jugendliche an. Auf Seminaren über die geschichtliche Entwicklung der Druckkunst habe ich ältere Teilnehmer unerwartet zum experimentellen Drucken hingeführt. Zuerst passive Bewunderer der „großen" Kunst, glaubten sie mir nicht, daß sie selbst einen Zugang gewinnen könnten. Wir schnitten einfache Schablonen aus Papier, walzten sie mit Farbe ein und druckten sie ab. Da waren die Teilnehmer ausnahmslos verblüfft und entwickelten sofort eine Vielfalt von Ideen, die sie mit dieser Technik realisieren wollten.

Da ich in meinen Beruf als Illustrator, Buchgestalter, Designer und Autor sehr viel mit dem Medium Buch zu tun habe und selbst ein Buchliebhaber bin, lag es nahe, diese wundervolle Technik auf solche Weise einem breiteren Publikum zu vermitteln.

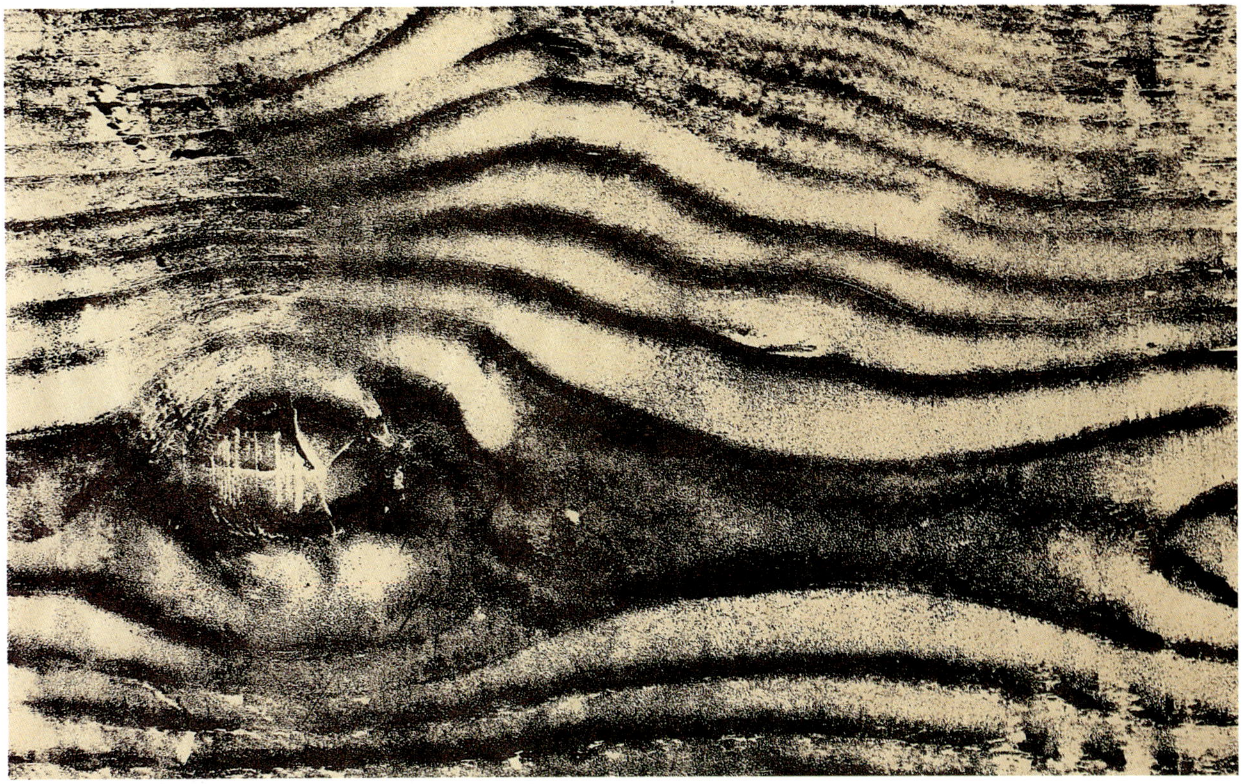

„Altrhein"

Entwicklung der Drucktechniken

Innerhalb der experimentellen Drucktechniken, wie ich sie in diesem Buch beschreiben will, wenden wir mehrfach die Frottage an. Bei der Frottage wird das Objekt abgerieben. In langweiligen Schulstunden hat manch einer von uns das schon mit einem Geldstück getan, ohne daß ihm bewußt wurde, daß er eine Abreibetechnik anwendet. Dazu legte er das Geldstück unter ein dünnes Blatt Papier und rieb mit einem weichen, flach gehaltenen Bleistift darüber. Er erhielt ein seitenrichtiges Abbild des Geldstückes.

Beim Drucken erhält man immer ein seitenverkehrtes Abbild des Druckstockes. Färbt man das Geldstück oder den Holzdruckstock mit Farbe ein und drückt ihn auf das Papier, so ist das Ergebnis also seitenverkehrt. Daraus ergibt sich der Unterschied zwischen Drucken und Abreiben.
Weil beide Techniken aber dennoch eng verwandt sind, beim experimentellen Drucken gleichzeitig zum Einsatz kommen und eine gemeinsame geschichtliche Entwicklung genommen haben, will ich die Frottage nicht ausklammern.

Wann und wo die beiden Techniken zum allerersten Mal angewendet wurden, kann man nicht belegen. Sicher ist aber, daß schon vor dem 6. Jahrhundert vor unserer Zeitrechnung Namensiegel in Ton gedrückt wurden. Diese in Ton gekerbten Siegel wurden mit Ruß geschwärzt und auf Seide abgedruckt. Das Ergebnis war seitenverkehrt.

Um zu seitenrichtigen Abbildungen zu kommen, entwickelten die Chinesen die Steinabreibung. Der Han-Kaiser Ling Di ließ Steinstelen errichten, in die die Texte von Konfuzius und anderen Gelehrten eingemeißelt wurden. Um das Jahr 100 vor unserer Zeitrechnung wurde in China das Papier erfunden und schon bald zum Steinabreiben benutzt. So war es möglich, die Texte der Gelehrten oder Dekrete des Kaisers unendlich oft zu vervielfältigen, denn die Steinreliefs nutzten sich durch das Abreiben nicht ab.

Auch waren die Ergebnisse seitenrichtig. Dieses einfache und doch geniale Vervielfältigungsverfahren wurde von den Chinesen nahezu 600 Jahre früher angewandt als der von ihnen um das Jahr 700 entwickelte Buchdruck von Holzstöcken.

Nach und nach vervielfältigte man in der Technik der Steinabreibung nicht mehr nur kaiserliche Erlässe oder bedeutende Inschriften, sondern auch besonders schöne Kalligraphien und Pinselzeichnungen. Die chinesischen Bildhauer schafften es sogar, das Typische des Pinselstriches in Stein zu übertragen.

Man hatte auf diese Weise eine Möglichkeit geschaffen, Kunstwerke zu vervielfältigen und für ein größeres Publikum zugänglich und erschwinglich zu machen.

Diese jahrtausendealte Kunst der Chinesen wurde im deutschsprachigen Raum zum ersten Mal 1944 im Kunstgewerbemuseum in Zürich ausgestellt. Die einfarbigen Abreibungen waren in Schwarz, Rot, Blau und Grün verbreitet. Das Rot des Zinnobers ist ein giftiger Farbstoff. Eine solche Abreibung in ein Buch eingelegt, vertrieb die gefräßigen Bücherwürmer.

Abreibungen in mehreren Farben waren in früheren Zeiten äußerst selten und daher sehr kostbar. Im heutigen China ist die farbige Abreibung seit Beginn der 50er Jahre zunehmend verbreitet.

In Europa erlebte der Holzschnitt im Mittelalter eine große Zeit. Die gedruckte Illustration war als Einzelblatt oder als Buchschmuck beliebt. In der Renaissance kam er zu einzigartiger Blüte, etwa in den Holzschnitten und Holzstichen von Albrecht Dürer. Auch die Schriftseiten der frühen Buchdruckkunst wurden seitenverkehrt in Holz geschnitten. Später lösten gegossene Bleilettern die Holzstöcke ab; der Kupferstich verdrängte den Holzschnitt und Holzstich. Von den Druckstöcken aus Metall konnte man eine weitaus höhere Auflage drucken als von den Holzstöcken.

Der Farbholzschnitt als Ausdruck einer bestimmten Kunstrichtung entstand im 17. Jahrhundert in Japan. Er löste den colorierten Schwarzdruck ab. Fast zwanzig Jahre lang wurden nur zwei Töne gedruckt, jeder von einer separaten Platte; gewöhnlich rot und grün. Geschnitten wurde in Hartholz, meist Kirschholz, gedruckt wurde mit Tusche. Später stellte man Farbholzschnitte aus zehn und mehr Farben her. Durch Übereinanderdrucken verschiedener Farben konnte man die Palette der abgebildeten Töne noch beträchtlich erweitern. Damit die Tusche eine größere Dichte und Zähigkeit erhielt, setzte man ihr etwas Reisbrei zu.

Bis ins 19. Jahrhundert verwendete man meist Pflanzenfarben, die leider nicht lichtecht waren. Auch Gold- und Metallfarbe wurde verwendet. Mit Blindpressungen erzielte man farblose Höhungen, die reliefartig hervortraten und somit abgebildete Gewänder, Gefieder oder Tierfelle strukturierten.

Die Auflagen dieser Kunstwerke waren begrenzt, denn auch Hartholz ermüdet nach 200 Drucken, die Konturen werden unscharf, schmale Stege brechen aus.

Ende des 19. Jahrhunderts schwappte eine Orientalismuswelle über Europa. Die Maler entdeckten die japanischen Holzschnitte für sich. Degas, Manet, Gauguin, van Gogh, Toulouse-Lautrec und andere ließen sich davon inspirieren.

Die Expressionisten machten das grobe gewachsene Holz zu ihrem Medium. Sie setzten die Faserigkeit und die Maserung der Holzstöcke als Gestaltungsmittel ein. Harte Schwarzweißkontraste, eine grobe Schnittechnik, eine Beschränkung auf das Wesentliche einer Aussage und der Verzicht auf Details führten zu Grafiken mit starker Wirkung.

Die Frottage tauchte unter anderem im Surrealismus wieder auf. Max Ernst machte sie zu seinem Medium in einer ganzen Reihe von Bildern.
Das vorliegende Buch führt über die reine Frottage und den Materialdruck hinaus.
Versatzstücke werden mit selbsterzeugten Papierschnitten zu Gesamtbildern ergänzt.

Die Papierschnittkunst ist uns aus den volkstümlichen Scherenschnittarbeiten bekannt. Daß auch diese grafische Technik tiefe Wurzeln im Reich der Mitte hat, ist uns weniger geläufig. Leider kann man die Zeit der Entstehung und die ersten Motive nicht rekonstruieren. Die zarten Papiergebilde sind allzu vergängliche Kunstwerke. In der Tradition der Chinesen hat der Papierschnitt jedoch seinen festen Platz.

„Meer der Träume“

Dem chinesischen Neujahrsfest, das zugleich ein Frühjahrsfest ist, geht, wie unserem Osterfest, ein gründlicher Hausputz voraus. Dazu gehört auch, daß die Papierverkleidungen der Zimmerwände und das Ölpapier der Fenster durch neues Papier ersetzt werden. Auf das neue Papier werden Papierschnitte in bunter Vielfalt aufgeklebt – Ausdruck der Lebensfreude und der Hoffnung auf das kommende Jahr. Es galt durchaus als ein besonderer Vorzug, wenn ein heiratsfähiges Mädchen sich darauf verstand, besonders schöne „Fensterblumen“ zu schneiden.

Meister der Papierschneidekunst schnitten frei aus dem Gedächtnis filigrane Motive von großer Präzision in einfarbiges Papier. Nicht Scherenschnitt wird er in China genannt, denn kleine Binnenflächen werden mit dem feinen Schneidemesser herausgenommen.

Kleine Gestaltungslehre

Formate

Dieses Kapitel wurde nicht geschrieben, um Sie nun doch noch abzuschrecken. Es soll lediglich helfen, die Bilder richtig zu inszenieren, um die jeweilige Aussage zu steuern und zu unterstützen. Ein fertiges Bild hat immer ein Format, im allgemeinen sind das Hochformat, Querformat oder Quadrat. Beim experimentellen Drucken muß man sich nicht generell von vornherein auf ein exaktes Maß festlegen. Es gibt Fälle, da entscheidet man sich nachträglich für den exakten Bildausschnitt. Hierfür schneidet man sich zwei Winkel aus Pappe zurecht. Die Schenkel stoßen rechtwinklig aufeinander und haben eine Länge von mindestens 30 bis 40 cm. Diese beiden großen L benutzt man jetzt als Ausschnittsucher, indem man sie wie ein größeres oder kleineres Passepartout auf den Druck legt.

Ob der Bildaufbau auf ein Hochformat oder ein Querformat bezogen sein soll, muß man dennoch vor dem Drucken entscheiden.
Querformate kommen unserem Augenbild, mit dem wir die Umwelt wahrnehmen, näher.
Hochformate wirken deshalb oft interessanter und ungewöhnlicher. Man verbindet mit dem Hochformat Nähe und Aktivität. Das Hochformat wirkt lauter, dynamischer.
Mit dem Querformat verbindet man Ferne, Ruhe, Stille.

Das Quadrat mit seinem Gleichmaß ist weder laut noch still, weder fern noch nah. Es ist neutral. Damit es nicht langweilig wirkt, muß die Flächenteilung innerhalb des Quadrates sehr bewußt und gekonnt vorgenommen werden.

Aber auch Hochformat und Querformat wollen gut aufgeteilt sein, um dem fertigen Bild die richtige Spannung oder Ruhe und Ausgewogenheit zu geben.

Der Goldene Schnitt

Der Goldene Schnitt ist eine ungleiche Streckenteilung, die vom Betrachter als ausgeglichen empfunden wird. Die Strecke wird dabei in einen kleineren und in einen größeren Abschnitt geteilt, wobei sich der kleinere zum größeren genauso verhält, wie der größere zur ganzen Strecke. In Zahlen ausgedrückt wäre das zum Beispiel: ein Streckenteil 8:13 oder angenähert 5:8 oder 3:5.

Ein Bildformat im Goldenen Schnitt kommt uns heute etwas zu lang vor. Das liegt an der starken Gewöhnung an DIN-Formate. Das Foto-Kleinbildformat 24 mm × 36 mm hat annähernd ein Format im Goldenen Schnitt.

Nicht nur für die Formgestaltung, vor allem für den Bildaufbau ist der Goldene Schnitt interessant. Wo plaziert man zum Beispiel sein Hauptmotiv? Setzt man es genau in die Bildmitte, so wirkt es langweilig. Im Goldenen Schnitt wirkt die Flächeneinteilung ausgewogen. Bei der Arbeit mit beweglichen Bildteilen, wie es im folgenden beschrieben wird, kommt man meist nicht mit einem einzigen Bildmotiv aus. Man muß also mehrere Bildteile zueinander in Beziehung setzen – den Blick führen.

Sehgewohnheiten

Hierzu ist zunächst eine Untersuchung unserer Sehgewohnheiten interessant.

Man hat festgestellt, daß Menschen aus Ländern, in denen man von links oben nach rechts unten schreibt, auch Bilder in dieser Blickrichtung „lesen“. Man sieht also zuerst die linke obere Bildecke, dann die Bildmitte und schließlich die rechte untere Ecke. Die Bildteile rechts oben und links unten werden nur beiläufig wahrgenommen.

Gleichzeitig verbindet man mit der linken oberen Ecke die Begriffe Himmel, hell, Freiheit, mit der rechten unteren Ecke die Begriffe Erde, dunkel, gefangen.

rechte Seite, „Nackte“

Auf diesen beiden Seiten ist ein Kartoffeldruck abgebildet mit einem Farbverlauf von Dunkelblau bis Gelb. Je nachdem, von welcher Seite man das Quadrat betrachtet, ändert sich die Aussage eklatant. Hält man das Bild so herum, daß das Gelb rechts unten erscheint, so hat man das Gefühl, das Gelb sei eingeklemmt und gefangen. Hält man das Bild so herum, daß das Gelb links oben liegt, so scheint sich die gelbe Farbe zu verabschieden und davonzuschweben.

Eine Figur, die nach links gerichtet ist, geht in die Ferne, ins Licht. Eine Figur, die nach rechts geht, kommt nach Hause, in die Geborgenheit oder gar in die Unfreiheit. Vergleichen Sie das Bild „Kleiner Flötenspieler im Garten" auf Seite 32. mit dem Bild „Hans im Glück" aus Seite 39.

Eine aufsteigende Diagonale von links unten nach rechts oben vermittelt Zuversicht und Optimismus. Eine fallende Diagonale von links oben nach rechts unten bedeutet Traurigkeit. Unter einer aufsteigenden oder fallenden Diagonale muß man nicht unbedingt eine gezeichnete Linie im Bild verstehen. Auch imaginäre Linien wie Blickrichtung der zentralen Figur oder Staffelung verschiedener Figuren können solche Stimmungen erzeugen.

Mehrere Blickpunkte in einem Bild werden nacheinander „gelesen" und zu einer einfachen geometrischen Figur zusammengezogen. Je mehr Blickpunkte und je komplizierter die imaginäre geometrische Figur, desto geringer ist die Zuneigung des Betrachters zum Bild. Die Augen suchen ein Blickzentrum. Werden sie von einem zum anderen gezerrt, so finden sie keinen Halt im Bild. Deshalb ist oft weniger mehr. Das bedeutet nicht, daß die Aussage des Bildes beschnitten wird. Im Gegenteil, gibt man seinem Bild ein Zentrum, das den Blick anzieht, so werden die Augen des Betrachters von dort aus in den Details spazieren gehen. Bildet man Gruppen, so sollte man diese unterscheiden, nicht da einen Haufen machen und dort einen Haufen machen, sondern viel gegen wenig, groß gegen klein, hell gegen dunkel, warm gegen kalt setzen oder volle Flächen gegen leere, zum Beispiel „Urfrauen" auf Seite 35 und 36.

Um dem Bild eine Tiefenwirkung zu geben, kommen die Gesetze der Perspektive zum Tragen. Keine Angst, jetzt folgt keine Abhandlung über das perspektivische Zeichnen.

Für unsere Technik gelten andere Gesetze. Mit den Vorsatzstücken und beweglichen Schablonen läßt sich keine Fluchtpunktsperspektive gestalten. Wir machen uns einfachere Regeln zunutze. Was kleiner ist, scheint weiter hinten zu sein.

Beispiel: „Hans im Glück" auf Seite 39. Man erkennt, daß der Baum im Hintergrund steht, weil die Füße vom Hans näher an der Bildunterkante sind. „Ballett": Die Tänzerin links scheint weiter hinten auf der Bühne zu sein, denn sie ist kleiner und höher im Bild angeordnet.

Eine weitere Möglichkeit der Tiefenstaffelung ist uns mit dem Hell-Dunkel-Kontrast gegeben. Was dunkel ist, wirkt schwer und vordergründig, was hell ist, scheint leicht und fern.

Auch die Farben drücken Nähe oder Ferne aus. Warme Farben, das sind Rot, Orange, Gelb, Braun, scheinen nah, kalte Farben scheinen fern. Kälteste Farbe ist das Türkisblau, das im Farbkreis am weitesten vom Rot entfernt ist.

Farbgestaltung

Es gibt drei Grundfarben, aus denen sich alle anderen mischen lassen. Das sind Gelb, Blau und Rot. Grün mischt man aus Blau und Gelb, Orange aus Gelb und Rot, Violett aus Rot und Blau. Alle anderen Farben des zwölftonigen Farbkreises sind Mischtöne, die zwischen diesen Farben liegen.

Die Farben, die sich im Farbkreis genau gegenüberliegen, bezeichnet man als Komplementärfarben. Komplementär zueinander sind Rot und Grün, Blau und Orange, Gelb und Violett. Mischt man exakt die

„Kartoffelquadrat“

komplementären Farbtöne, so entsteht ein neutrales Grau. Für uns ist dieses Mischergebnis nicht von Bedeutung. Interessant für unsere Arbeit ist allenfalls, daß komplementäre Farben, die in einem Bild dicht zusammengebracht werden, sehr dynamisch, laut und aggressiv wirken.

Will man in einem Bild die Grundfarben Gelb, Rot, Blau ausgewogen verteilen, so muß man etwa dieses Verhältnis treffen: Gelb 3 : Rot 6 : Blau 8. Es liegt sowohl an den Farbtemperaturen als auch an den Helligkeitsunterschieden, daß Blau so großflächig und Gelb so knapp eingesetzt werden muß.

Die Farbgestaltung eines Bildes ist so anzulegen, daß das Werk geschlossen wirkt. Man wird Schiffbruch erleiden, wenn man hart trennt; Blau für den Himmel, Braun für die Erde, Grün für den Baum. Das Bild wird in drei Teile zerfallen, die nichts miteinander zu tun haben wollen.

So wie ein bißchen Zucker die Salatsauce abrundet und eine Prise Salz in den Kuchenteig gehört, so muß man auch ein Quentchen Blau in Erde und Baum, ein bißchen Grün in Himmel und Erde geben. Alles muß in allem enthalten sein.

Einfache Drucktechniken

Als Material verwenden wir Gräser, Blätter. Blüten (nicht zu zarte), Zwiebeln, Furniere, Holz, Rinde, Kartoffeln und Karton, Gewebe, Fotokarton oder ähnliches für die Schablonen.

Unsere Arbeitsgeräte sind Küchenmesser, Passepartoutmesser, Schere, Falzbein oder Löffel, Glasplatte oder andere glatte Platten aus Kunststoff zum Auswalzen der Farbe, kleine Gummiwalze, wasserlösliche Linoldruckfarben.

Die Farben lassen sich miteinander mischen, so daß eine kleine Farbpalette ein großes Spektrum ergibt. Die verschiedensten Grüntöne lassen sich zum Beispiel aus Gelb und Blau mischen. Etwas Rot verändert das Grün zu Oliv, Khaki, Erdfarben. Für Kartoffeldruck kann man auch andere wasserlösliche Farben verwenden.

Linoldruckfarbe, Gummiwalze, Falzbein und Passepartoutmesser erhält man im Bastelgeschäft, Künstlerbedarfsladen oder -versand.

Für Stoffe gibt es spezielle Stoffdruckfarbe. Spezielles Papier braucht man nicht. Jeder Schreibpapierbogen, jeder Bogen vom einfachen Zeichenblock läßt sich verwenden. Je saugfähiger das Papier ist, desto matter fallen nach dem Trocknen die Farben aus. Auf sehr glattem Papier werden die Drucke schmierig.

Für die besondere Art des Schablonendruckes benötigt man eine große Glasplatte 30 × 40 cm oder größer.

Kartoffeldruck

Beginnen wir zunächst mit dem Kartoffeldruck. Er ist ebenso beliebt wie verpönt. Die Kinder stempeln damit lustige Einladungskarten zum Geburtstag, Muttertagsbilder oder Weihnachtskarten. Die meisten Erwachsenen sehen demnach im Kartoffeldruck ein Betätigungsfeld für Kinder. Einige wenige aber verwirklichen mit dem Kartoffeldruck hochkomplizierte Muster auf Tischdecken, Gardinen und Kleidern. Schon die Stempel erhalten detailreiche und schwierige Formen.

Ich bevorzuge ein kleines Sortiment einfachster Druckstempel aus Kartoffeln. Es ist erstaunlich, was für vielfältige Gestaltungsmöglichkeiten sich damit ergeben. Das Bild auf Seite 15 zeigt einen Kartoffeldruck, der mit einer einzigen Form dargestellt wurde, einem Quadrat von 2 × 2 cm.

Um einen Kartoffelstempel herzustellen, halbiert man zunächst eine Kartoffel längs oder quer, je nachdem, wie groß man die Stempelfläche und wie groß man die Haltefläche haben möchte.

Man kann nun das Lineal auf den Anschnitt legen und mit dem Küchenmesser daran entlangschneiden. Eine andere Möglichkeit besteht darin, die geometrische Form, die man dem Stempel geben möchte, zunächst aus Papier auszuschneiden. Eine frisch aufgeschnittene Kartoffel saftet kräftig. So kann man das Papierchen auflegen, ohne daß es gleich verrutscht. Man drückt es etwas an und ritzt die Kartoffel entlang der Kanten mit dem Küchenmesser. Danach werden die überflüssigen Flächen vollständig abgeschnitten. Die Haltefläche wird dadurch zwar kleiner, aber der Stempel kann nun sehr präzise plaziert werden.

Das Reizvolle am Kartoffeldruck ist der Saft dieser Knolle, der besonders bei zartem Farbauftrag wirksam wird. Ein vertrockneter Kartoffelstempel ist wertlos.

Eingefärbt wird der Stempel, indem man ihn in Linolfarbe drückt, die zuvor auf einer Glasplatte dünn ausgewalzt wurde. Es ist auch möglich, die Farbe mit dem Pinsel aufzutragen. In jedem Fall sollten die Ränder des Stempels vor dem Druck abgewischt werden, damit überschüssige Farbe keinen „Quetschrand“ erzeugt.

Für meinen Kartoffeldruck auf Seite 15 mußte ich für jede Farbe einen neuen Stempel schneiden. Nicht wegen der unterschiedlichen Farben, sondern weil mir die Stempel unterm Drucken deutlich

„Königin von Saba"

schrumpften. Das ist ein weiterer Grund, weswegen ich nicht sehr viel von „verkünstelten" Kartoffelstempeln halte. Eine klare Flächenteilung mit der entsprechenden Farbgebung und dem eigenen Duktus der saftigen Stempel kann so schön ausfallen, daß komplizierte Entwürfe mit fein ziselierten Stempeln weit dahinter zurückbleiben.

Schneiden Sie sich einmal aus farbigem Papier verschieden große Quadrate und legen diese aufeinander. Nun verschieben Sie die Quadrate. Merken Sie, wie sich die Spannungsverhältnisse verändern?

Probieren Sie einmal, was geschieht, wenn bei gleicher Flächenteilung die Farben ausgetauscht werden. Solche Bilder sind in der Gegenüberstellung besonders interessant und aufschlußreich. Auch als Plakate zu den verschiedensten Veranstaltungen lassen sie sich phantastisch einsetzen.

Einen zweiten Kartoffeldruck zeige ich auf Seite 17. Ebenfalls mit einfachsten Stempeln gedruckt, erzählt er von einer ganz anderen Welt. Die buntbedruckten Stoffe der Afrikanerinnen haben mich dazu inspiriert. Die sagenumwobene Königin von Saba stelle ich mir so vor.

Den Kopf schnitt ich aus festem Papier, ebenso die schwarzen Begrenzungen des Stoffes. Nachdem dies gedruckt war, arbeitete ich im Kartoffeldruck hinein. Wenn man unsicher ist in der Darstellung eines Gesichtes, kann man nach einer Fotografie arbeiten. Hierbei muß man immer beachten, daß nur die notwendigsten Linien übertragen werden und weniger wichtige Details entfallen. Je weniger gestaltende Linien eingesetzt werden, desto deutlicher ist die Sprache, die sie sprechen. Die Linien müssen eine Mindestbreite haben, sonst werden sie von Quetschrändern zugedruckt. Unter einen Millimeter sollte man keinesfalls gehen. Mein Bild: „Königin von Saba" ist im Original 46 × 62 cm groß.

„Kreis"

linke Seite, „Zauberin"

Kartondruck

Einfache Druckstöcke lassen sich auch aus Karton schneiden. Befassen wir uns aber zuerst einmal mit der formalen Flächenteilung der Arbeit auf Seite 19. Sie besteht aus drei unterschiedlich großen Kreisen. Die mittlere Kreisform wurde halbiert, die kleinste geviertelt. Um der in sich ruhenden Urform Kreis Spannung zu geben, wurden die Kreissegmente in verschiedenen Farben und versetzt gedruckt. Es ist sehr interessant, den gleichen Entwurf in unterschiedlichen Farben zu drucken.

Nun zur Arbeitstechnik. Am saubersten lassen sich Kreise mit einem Kreisschneider aus dem Karton schneiden. Besitzt man solch ein Gerät nicht, kann man mit dem Cutter einen Kochtopf, eine Tasse und ein kleines Glas umfahren.

Beim Drucken sollten Sie die Grundfarbe gut trocknen lassen, bevor Sie die folgende Farbe aufbringen. Besonders Ungeduldige können mit dem Fön nachhelfen.

Eine helle Farbe läßt sich kaum mehr auf eine dunklere Farbe aufdrucken. Sie wird schmutzig. Es sei denn, man wendet einen Trick an: Man druckt Deckweiß auf die dunklere Farbe, läßt es trocknen und druckt dann die gewünschte Farbe darüber. Diesen Behelf spart man sich, wenn man die Schablonen so schneidet, daß Stellen, die nachträglich hell eingedruckt werden sollen, ausgespart sind.

Die nächste Abbildung ist wieder gegenständlich. Die „Zauberin" habe ich aus lauter Kartonecken zusammengesetzt. Einige davon sind mit Stramin bezogen, einem Gewebe, das zum Besticken verwendet wird. Durch seine Steifigkeit und die großen Fadenabstände läßt es sich sehr schön abdrucken. Für die „Zauberin" habe ich zuerst eine kleine Skizze erstellt, diese Skizze dann präzisiert, Gewand und Kopfbedeckung in Farbteile zergliedert. Den Entwurf vergrößerte ich auf die Endgröße von 30 × 45 cm. Am schnellsten geht das mit einem Zoomkopierer, dem der Vergrößerungsfaktor eingegeben werden kann.

Ohne dieses moderne Hilfsmittel kommen Sie zum Ziel, indem Sie mit Rastern arbeiten: ein kleines Karoraster auf dem kleinen Entwurf, ein entsprechend großes Karoraster für das Endformat. Zeichnen Sie zuerst das kleine Karoraster über Ihren Entwurf auf Transparentpapier. Die Kantenlänge der Rasterfelder sollten Sie so wählen, daß die Skizze in der Breite in mindestens 10–12 Felder geteilt wird (je mehr Karos, desto genauer kann man die Zeichnung vergrößern). Weil die Raster quadratisch sind, ergibt sich die Anzahl der Felder für die Höhe von selbst. Nun zeichnen Sie ein vergrößertes Raster mit den für Ihre Arbeit gewünschten Abmessungen. Den dazu notwendigen Vergrößerungsfaktor können Sie ganz einfach nach folgender Formel errechnen:

$$\frac{100 \times \text{Höhe Endformat (in cm)}}{\text{Höhe Skizze (in cm)}} = \text{Vergrößerungsfaktor}$$

Jetzt betrachtet man die Linienführung in jedem einzelnen Quadrat der Skizze und zeichnet sie genauso in das jeweilige große Quadrat des Endformates. Die endgültige Zeichnung paust man seitenverkehrt auf Karton. Um sich nochmaliges Durchpausen oder Umzeichnen zu sparen, ist es geschickt, die Zeichnung im Endformat auf Transparentpapier zu machen, dann muß man nur das Papier wenden, schon hat man es seitenverkehrt.

Die „Zauberin“ bestand schließlich aus über 20 Kartonstückchen.

Man hätte nun jedes Teil einzeln drucken können. Bei relativ genauem Anlegen des nächsten an das eben gedruckte Teil könnte man das Bild durchaus auf diese Weise realisieren. Jedoch haben die Farben Trocknungszeiten und man riskiert, das eben Gedruckte zu verschmieren, wenn man die neuen Teile danebensetzt. Die „Zauberin“ sollte vierfarbig werden. Ich schnitt mir also vier Kartonplatten in der Größe des Endformates 30 cm × 45 cm und klebte jeweils die Teile, die die gleiche Farbe erhalten sollten, darauf. So ließ sich die „Zauberin“ in vier Druckgängen abbilden. Das Gesicht hatte ich nicht mit Farbe belegt, wollte aber auch nicht, daß es kalkig weiß würde. So suchte ich einen Papierfarbton, der sich ein bißchen an die Druckfarben anschmiegt.

Einfache Schablonen

Mit der Schere lassen sich vielfältige Schablonen schneiden. Am Anfang sollte man sich möglichst auf Konturschnitt beschränken; später kann man den Detailreichtum mehren und vorgehen wie beim traditionellen Scherenschnitt. Das Papier muß allerdings viel fester sein als das normale Scherenschnittpapier. Es soll ja mit Farbe eingewalzt werden. Scherenschnittpapier wellt sich sofort und rollt sich zusammen.

Man muß einen Kompromiß eingehen. Je stärker das Papier ist, um so öfter läßt sich die Schablone abdrucken. Sie hebt sich höher aus dem Umfeld heraus, das ist von Vorteil, wenn man sie abreiben will, und sie kann mehr Farbe aufnehmen (wenn sie aus saugfähigem Papier ist), wenn man negativ drucken will. Andererseits kann man sehr steifes, kartonstarkes Papier schwerer schneiden.

Schneiden kann man sowohl mit dem Cutter (scharfes Layoutmesser) auf einer Schneideunterlage oder mit der Schere. Die Schere sollte eine feine Spitze haben. Am Anfang habe ich meine Schablonen immer mit der Nagelschere geschnitten, bis ich mir eine kleine Scherenschnittschere kaufte. Man arbeitet in erster Linie mit dem vorderen Drittel der Schneide. Mit solch einer kleinen Schere kommt man um jede Ecke und alle Rundungen.

Die Motive müssen prägnant sein. Ein eingerollter Igel läßt sich nicht darstellen. Die Schablonenkonturen müssen eine gute Form haben, sonst wirkt der Abdruck nicht. Gerade eine reduzierte Zeichnung wie die des Dromedarreiters muß eine „gute Figur abgeben“. Die Binnenflächen kann man mit dem Cutter herausschneiden. Ich steche jedoch meistens ein Loch mitten in die Fläche, die ich entfernen muß, und schneide von da aus mit der Schere zur Trennkante.

Ein einzelner Kamelreiter, und mag er noch so schön sein, ist und bleibt ein einzelner Kamelreiter und wird kein erzählendes Bild. Eine Bergkette aus einem Kartonstreifen, der unterschiedlich mit Farbe eingewalzt wurde, und ein paar Grashalme ergaben eine Szene.

Verschiedene Farben bringt man auf eine Schablone, indem man je eine kleine Walze für einen Farbton verwendet und jeweils auf die Schablone aufwalzt. Dabei sollen sich die Farbaufträge überlagern, so daß sich die Farben an den Grenzen etwas durchmischen.

„Reiter in Landschaft“

„Dromedarreiter“

Man kann auch zusammenhängende Szenarien wie beim Scherenschnitt herstellen. Sie sollten jedoch nicht zu feingliedrig sein. Mit Farbe eingewalzt und auf Grußkarten oder Servietten gedruckt, entstehen hübsche dekorative Dinge zum entsprechenden Anlaß.

Stoffservietten bedruckt man mit Stoffdruckfarben, die sich nicht herauswaschen, so kann man die Osterservietten im nächsten Jahr wieder verwenden. Auf dieser Ebene erschöpft sich dann auch die Gestaltungsmöglichkeit mit kompletten Papierschnitten. Sie bleiben eben abgedruckte Scherenschnitte und entwickeln kein eigenes Leben.

Schablonendruck

Auf eine Glasplatte gibt man einen Klecks Linoldruckfarbe in der Größe einer dicken Bohne. Mit der Gummiwalze walzt man die Farbe dünn aus, bis sie „zufrieden schmatzt". Man hört es wirklich am Ton, ob sie die richtige Konsistenz hat. An der Größe der unzähligen winzigen Berge und Täler, die die Farbe beim Hin- und Herwalzen ergibt, sieht man, ob sie verarbeitungsfähig ist. Sind sie sehr grob, ist die Farbe zu flüssig, sind sie zu fein, daß die Walze schon beinahe Fäden hinter sich herzieht, ist die Farbe zu trocken. Mit dem Blumensprüher kann man fein dosiert Wasser darauf geben. Ist die Farbe zu flüssig, kann man sie nur mit zäher Farbe mischen, abwarten oder mit dem Fön etwas nachhelfen.

Für die Schablonendrucke kann man sehr gut die ganz kleinen billigsten Gummiwalzen benutzen. Will man mit mehreren Farben arbeiten, sind drei bis vier kleine Walzen erforderlich, damit man nicht vor jedem partiellen Farbauftrag die Walze reinigen muß. Ölfarben sind für die Drucke mit beweglichen Teilen nicht geeignet. Für die Plattendrucke kann man sie einsetzen, sie haben einen feineren Punkt. Es gibt Transparentfarben im Sortiment der Ölfarben, die ungemein teuer sind, aber im Übereinanderdruck mehrerer Töne effektvoll werden. Für die Schablonendrucke und Materialdrucke, die hier beschrieben werden, taugen die Ölfarben nicht, man würde viel zu große Mengen an Lösungsmitteln benötigen, die schon in kleiner Dosierung krank machen.

Wasserlösliche Farben trocknen auf der Glasplatte zwar rasch ab, aber mit dem Blumensprüher kriegt man sie immer wieder fit. Sogar am nächsten Morgen kann man die Farbe noch einmal aufbereiten. Ist sie schließlich doch ganz erschöpft und löst sich in Placken von der Glasplatte, kann man sie noch abklatschen, wie auf Seite 29 beschrieben, und sich somit wunderbare Farbpapiere herstellen. Diese Farbpapiere können wiederum bedruckt werden.

Zum Drucken walzt man die Schablone mit Farbe ein, legt ein Blatt Papier darauf und reibt zuerst mit dem Handballen, dann mit Löffel oder Falzbein über die Rückseite des Papieres. Mit dem Handballen allein wird der Druck recht zart.

Legt man den Papierbogen auf die Schablone auf, hat man große Probleme, die Stelle zu treffen, wo der Druck hin soll. Ich plaziere deshalb die Schablone auf dem Bogen, greife mit der Hand unter das Papier, drücke mit der anderen von oben gegen die Schablone und wende die ganze Chose um, so daß die Rückseite des Papierbogens nach oben liegt. Habe ich zwei, drei kleine Schablonen zugleich aufs Papier plaziert, wird es mit dem Wenden heikel. In diesem Fall sollte man unter den Papierbogen eine Glasscheibe oder Hartfaserplatte legen. Auf die Schablonen legt man ein dünnes Blatt Papier und darauf wieder eine Glasscheibe. Nun wendet man die Glasscheibe mit dem, was dazwischenliegt. Die obere Glasscheibe wird abgenommen, und man bearbeitet die Rückseite des Druckbogens wie gehabt.

Am besten lassen sich dünne Papiere bedrucken. Sie sind zwar etwas empfindlicher, man reißt leichter eine Schramme hinein, aber man muß keinen allzu großen Druck anwenden, um eine satte Farbigkeit zu erzielen. Auch hier gilt wie beim Kartoffeldruck: Stark saugende Papiere nehmen der Farbe die Leuchtkraft, zu glatte Papiere ergeben schmierige Drucke. Ein weiterer Vorteil von dünnem Papier: Wenn das Papier an die Schablonen angepreßt ist, sieht man von hinten ein leichtes Relief und kann schon halbwegs beurteilen, ob das Papier überall gleichmäßig angedruckt wurde. Eine zweite Kontrollmöglichkeit, die man natürlich auch bei dickem Papier hat, besteht darin, den Bogen von einer Ecke her schon mal ein Stück hochzuheben und darunterzuschauen, die andere Seite muß dabei noch fest auf dem Druckstock kleben. Man streicht die eine Ecke wieder fest und hebt die andere Seite an, um darunterzusehen. Eventuelle Fehlstellen merkt man sich und bearbeitet sie nach.

„Männer I"

„Männer II"

Gerissene Schablonen

Man kann auch versuchen, eine Schablone zu reißen. In den Bildern „Männer" sieht man die gleiche Figur einmal ausgeschnitten, einmal gerissen.

Wer sich nicht in der Lage fühlt, Zeichnungen für die entsprechenden Schablonen selbst zu erstellen, kann von Fotografien oder Illustrationen ausgehen. Bei Fotos muß man auf der Hut sein. Da sie tonig und nicht linear aufgebaut sind und sich das Motiv gelegentlich in Licht und Schatten verliert, verfolgt man allzu leicht die falsche Begrenzungslinie. Man sollte das durch direkte Betrachtung des Motivs überprüfen.

Die beiden Figuren „Männer I" wurden mit Farbe eingewalzt und mit der „Butterseite" nach oben auf die ebenfalls mit Farbe eingewalzte Glasplatte arrangiert. Ein weißer Bogen wurde daraufgelegt und mit dem Handballen über die Rückseite des Papierbogens gestrichen. Ich reibe meist mit der Kante des Falzbeines fest über die Papierrückseite. Dabei muß man auf zwei Dinge achten: zum einen, daß man keine Schrammen ins Papier reißt, zum anderen, daß man keine häßlichen Querlinien auf dem Druck abbildet, weil man punktuell gerieben hat. Die Gefahr, daß man Schrammen reißt, ist besonders dann gegeben, wenn das verwendete Druckmaterial Spreißel hat, das heißt, bei harten Gräsern, Holz, Furnier, Linoleum. Man kann auch mit der Unterseite eines Löffels abdrucken.

Die weiße Umrißlinie an jeder Figur entsteht durch die minimale Höhendifferenz zwischen den Schablonen und der Glasplatte. An diesen Kanten lag das Papier nirgendwo auf und konnte keine Farbe aufnehmen.

Druck von der Glasplatte

Das zweite Bild „Männer II“ mit denselben Schablonen gearbeitet, zeigt eine weitere Variante des Druckens. Es handelt sich genau gesagt um einen zweifachen Druck auf dasselbe Papier. Zuerst walzt man die Glasplatte mit Farbe ein und plaziert die Schablonen auf die Glasplatte. Dann legt man ein Blatt Papier darauf und reibt von hinten mit dem Falzbein, als ob man einen Druck wie beim „Mann mit Schatten“ machen wollte. Dieser Arbeitsgang dient aber nur dazu, einen Teil der Farbe von der Glasplatte wegzudrucken. Zugleich saugen auch die aufgelegten Schablonen Farbe von der Glasscheibe auf.

Anschließend nimmt man den Bogen ab und begutachtet ihn daraufhin, ob er vielleicht schon ein interessanter Druck geworden ist oder durch Weiterbearbeitung werden könnte.

Dann werden vorsichtig die Schablonen von der Glasplatte genommen. Es sollen keine Spuren eines Eingriffes dabei entstehen; also keine Fingerabdrücke auf die Glasplatte bringen, keine Schleifspuren vom Wegziehen der Schablonen. Schließlich legt man ein frisches Blatt Papier über die Glasplatte und druckt mit dem Falzbein ab, was noch auf der Platte an Farbe übrig ist.

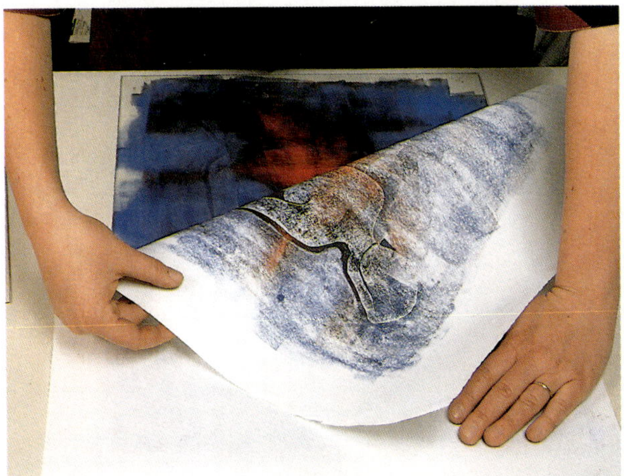

So entstehen diese hellen Schatten mit den dunklen Umrandungen. In dieses Bild hinein wurden frisch eingewalzte Schablonen leicht versetzt zu ihren hellen Schatten eingedruckt.

In gleicher Weise entstand das Bild „Nackte“. Ohne Skizze schnitt ich die Formen direkt mit der Schere in den Fotokarton, so wie ich die Modelle vor mir sah. Der Druck wurde erstellt wie beim Bild „Männer“. Jedoch wurde diesmal kein zweites Mal überdruckt.

„Susanna im Bade“

Monotypie

Ein farbiges Umfeld für die einzelnen Schablonen läßt sich also mit einer Glasplatte drucken. Dieses Aktionsfeld der Schablonen läßt sich individuell gestalten. Zuerst natürlich durch die Farbwahl. Mit den kleinen Walzen kann man mehrere Farben ineinanderbringen. Die Walzen hinterlassen gewisse Spuren.

Man kann aber auch hineinzeichnen in den Farbgrund auf der Glasplatte. Hierzu verwendet man einen Stift, eine Stricknadel oder ähnliches. Man zeichnet auf die farbig eingewalzte Platte.

Dann legt man ein Blatt Papier darauf, um die Zeichnung abzudrucken. Die Grafik darf nicht zu fein und zu detailreich ausfallen.

Legt man einen Bogen Papier direkt auf die dünn mit Farbe überzogene Glasplatte, so kann man auf der Rückseite des Druckbogens zeichnen. Diese Version mag ich besonders gern, denn man kann seine Zeichnung dosieren. Wenn man meint, die Zeichnung deutlich genug aufgebracht zu haben, dann hebt man den Druck an einer Ecke an und schaut darunter. Fehlt es stellenweise noch an Zeichnung, so kann man nacharbeiten. Den Stift soll man beim Schreiben fest aufdrücken.

„Susanna im Bade“ auf Seite 26 ist ein Bild, das auf diese Weise entstand. Zuerst wurde die Schablone gedruckt. Das bedruckte Blatt legte ich dann auf die Glasplatte und zeichnete von hinten Vorhang, Hocker und Handtuch.

Das Bild „Auf dem Feld“ (S. 27) wurde ganz von der Glasplatte gedruckt. Die Glasplatte hatte einen dünnen Farbfilm. Wenn zuviel Farbe auf der Platte ist, werden die Drucke oft fleckig. Manchmal muß man deshalb mit einem Bogen Papier die obere Farbschicht herunterdrucken, ehe man den eigentlichen Druck ausführen kann. In den dünnen Farbfilm legte ich zwei Schablonen und nahm sie wieder ab. Die Schablonen aus saugfähigem Papier nehmen Farbe auf und lassen dunkle Konturränder stehen. Auf die so vorbereitete Platte legte ich einen Bogen Papier, rieb ihn von hinten mit dem Falzbein gut an und zeichnete dann senkrechte Linien hinein, die hohe Pflanzungen andeuten.

rechte Seite,
„Auf dem Feld“

Abklatsch Äste
linke Seite,
Abklatsch Verlauf

Abklatschen

Gelegentlich muß man sowohl die Glasscheibe, auf der man die Farbe verarbeitungsfähig macht, wie auch die Glasscheibe, von der man druckt, reinigen. Normalerweise stellt man sie hierzu ins Waschbecken und braust sie ab. Ich war immer ganz traurig, daß man trotz sparsamem Umgang mit der Druckfarbe doch einiges den Abguß hinunterspült. Da kam ich auf die Idee, die Restfarbe mit dem Blumensprüher zu verflüssigen und mit Papierbogen abzuklatschen. Diese Farbpapiere fallen sehr unterschiedlich aus. Einmal erhält man sehr duftige Farbverläufe, ein anderes Mal Tropfen- und Adernmuster. Der Farbfilm auf der Glasplatte muß allerdings hauchdünn oder stark verwässert sein, sonst kleben nachher dicke Placken auf dem Papier.
Wenn man es ein paarmal gemacht hat, entwickelt man ein gutes Gespür dafür, ob ein schöner Abklatsch gelingen wird. Diese Papiere läßt man trocknen, dann kann man sie weiterverwenden.
Man kann sie belassen, wie sie sind, und Präsentschachteln oder Bücher damit einschlagen, man kann sie aber auch weiterverarbeiten.

Das ist natürlich nicht die einzige Möglichkeit, Abklatschpapier zu bedrucken. Pflanzen lassen sich sehr schön damit verbinden. Sogar die Hell-Dunkel-Kontraste des Linolschnittes habe ich mit der zarten Tonigkeit des Abklatsches verbunden.

Drucken mit Naturmaterial

Pflanzendruck

Auch Pflanzen lassen sich direkt abdrucken. Sehr leicht geht das mit einer halben Zwiebel. Da sie wie die Kartoffel sehr viel Pflanzensaft enthält, hat der Druck einen ähnlichen Duktus.

Läßt man die Zwiebel ein bißchen abtrocknen, so zeichnen sich die einzelnen Ringe im Druck gut ab. Die französische Zwiebelsuppe wird selbstverständlich mit einer Serviette garniert, auf die eine Zwiebel gedruckt ist. Auch auf der vegetarischen Speisekarte darf die Zwiebel nicht fehlen.

Blätter und Gräser kann man mit der kleinen Gummiwalze einfärben. Hierbei darf man jedoch immer nur in Wachstumsrichtung walzen, sonst wickelt sich das Gras um die Walze und das Blatt zerbricht. Mit frischen Pflanzen kann man ganz gut arbeiten. Im Winter muß man die Zimmerpflanzen schröpfen.

Weil ich meinen lieben Pflanzen nicht einfach ein paar Blätter abreißen mag, habe ich im Winter Versuche mit braunem Laub gemacht, das ich nach einem längeren Regen gesammelt hatte. Trockenes Laub würde sofort brechen, wenn man mit der Walze darüberginge. Dieses naßgeregnete Laub aber war zäh. Ich trocknete es zwischen Zeitungen kurz ab, darum war es gebrauchsfähig.

Ein einzelnes Ahornblatt ist wunderschön. Warum damit nur Wandbilder gestalten? Machen Sie sich doch einmal ein ganz exquisites Briefpapier für die besonders lieben Briefe.

Das mit Farbe eingewalzte Ahornblatt wird vorsichtig auf den Briefbogen plaziert, dann wendet man die ganze Chose um, wie gehabt, und reibt nun vorsichtig auf der Briefbogenrückseite mit dem Falzbein.

Gräser kann man mit dem Falzbein oder der Walze abdrucken. Sie lassen sich nicht exakt auf einer Seite nur mit Farbe einwalzen, das heißt, sie sind nach dem Einwalzen vorne wie hinten gleichermaßen voll Farbe. Ich mache mir das zunutze und lege die Gräser zwischen zwei Briefbogen. Wenn ich nun mit dem Falzbein oder einer sauberen Walze abdrucke, habe ich zwei Briefbogen mit einem Mal geziert. Einmal erscheint das Gras am rechten Rand, einmal am linken.
Auch Einladungskarten zu den verschiedensten Anlässen wirken mit Pflanzendruck besonders schön.

„Herbst" heißen zwei sehr unterschiedliche Arbeiten. Der rote Druck ist auf einem Abklatschpapier mit zartem Verlauf entstanden. Die Blätter wurden einzeln eingefärbt und nacheinander aufgedruckt.

Die andere Arbeit ist mit einer Glasscheibe gedruckt. Die Blätter wurden einzeln eingefärbt, auf die ebenfalls eingefärbte Glasplatte gelegt und alles zusammen abgedruckt.

Langstielige Gräser sind voll Musik und Poesie. Man druckt sie aufs Papier, und schon lauschen sie wieder dem Wind und beginnen sich sanft zu wiegen. Ein Gedicht will man für sie schreiben.

Zwei ganz verschiedene Arbeiten habe ich zum Thema Gräser ausgewählt. Hier stehen sich ein farbiger Druck und eine schwarzweiße Abreibung gegenüber. Die dunkelgrünen Gräser stehen vor einem abgeklatschten Hintergrund. Die Papiereigenfarbe ist ein helles Blaugrün, der Abklatsch ein zarter Rot-Gelb-Verlauf. Dadurch kommt diese besondere Farbstimmung zustande.

Die Abreibung unterscheidet sich vom Druck, wie im „Geschichtlichen Überblick" schon einmal beschrieben, in erster Linie dadurch, daß das Ergebnis seitenrichtig erscheint.

Bei dieser Abbildung wurde mit einer kleinen Gummiwalze abgerieben, daher die tonigen senkrechten Streifen. Die Ähren wurden nicht eingefärbt, nur arrangiert. Ein weißes Blatt Papier wurde daraufgelegt, und nur die kleine Gummiwalze trug Farbe. Mit ihr walzte ich mit leichtem Druck über das Papier, so daß sie die darunterliegenden Ähren nachzeichnete.

linke Seite oben, „Rote Herbstblätter“

„Gräser im Abendlicht“

Im Bild „Der kleine Flötenspieler im Garten" fügen sich verschiedene Gestaltungselemente zusammen. Der Hintergrund ist abgeklatscht, die Figur aus leichtem Karton geschnitten.

Selbst robuste Blumen lassen sich nicht so problemlos abdrucken wie Gräser. Sorgsam muß man Blättchen für Blättchen einwalzen oder die Farbe mit dem Finger auftupfen.

Bei derart verschiedenen Gestaltungselementen ist es ganz wichtig, daß ein farblicher Zusammenhalt herrscht. Immer wieder trifft man inmitten seiner Arbeit auf die eingangs besprochenen Probleme der Gestaltung. Selbst wenn es „nur" darum geht, drei Pflanzen auf dem Deckblatt einer vegetarischen Speisekarte zusammenzubringen, so will das Ensemble gut arrangiert sein.

Zuerst stellt sich das Problem, welche drei Pflanzen von der Form und dem Druckbild zusammenpassen. Wie sollen sie zueinander stehen und wie im Gesamtformat. Schließlich hat man noch die Qual der Farbwahl.

Eine große Hilfe kann es sein, die einzelnen Teile zuerst separat zu drucken, auszuschneiden und zu arrangieren. Die gefundene Lösung markiert man mit einem Bleistift auf einen frischen Bogen Papier und druckt dann alle Teile in der für gut befundenen Stellung zusammen.

Man sollte sich Zeit lassen bei der Entscheidung, wie man die einzelnen Teile plaziert.

„Der kleine Flötenspieler im Garten" war ein Bild, das ganz langsam wuchs. Ich sah die Abklatscharbeiten durch, um einen geeigneten Hintergrund für meine Blumen zu finden. Ich drückte die Blumen auf den Hintergrund, sah mir das Bild aus der Ferne an, fügte die Blattpflanzen hinzu, wußte nicht, ob nun etwas zuviel oder zuwenig auf dem Bild war, und ging schlafen. Am anderen Morgen sah ich sofort: da fehlt der kleine Flötenspieler.

Als der Druck fertig war, lief dem kleinen Flötenspieler ein Zweig mitten durchs Gesicht. Das sah sehr unschön aus. So machte ich mich ans Retuschieren.

Retusche

Bei den Druckkünstlern der originalgrafischen Techniken ist ein nachträgliches Ausbessern eines Druckes von Hand ein großer Frevel. Aber das ist auch ganz etwas anderes. Dort werden Hochdruck- oder Tiefdruckplatten erstellt, die bis auf den letzten Strich stimmen müssen. Man druckt große Auflagen von den Druckstöcken, wobei ein Druck dem anderen gleichen muß.

Wir erstellen Unikate, etwas Einzigartiges also. Um das zu erreichen, sind viele Mittel erlaubt. Ein Druck, wie er hier entsteht, ist nie mehr zu wiederholen. Und wenn man noch so geübt ist, man wird kein zweites Blatt wie das erste erzeugen können. Deshalb wäre es viel zu schade, eine Arbeit, die ansonsten gelungen ist, wegen eines kleinen Schönheitsfehlers aufzugeben.

Manchmal gibt es ein paar störende blinde Flecken, blanke Stellen, die keine Farbe abbekamen. Mit dem feinen Pinsel und der entsprechenden Druckfarbe tupft man Punkt für Punkt die fehlende Farbe ein. Gelegentlich hat man das Prinzip „alles muß in allem erhalten sein" nicht genügend beherzigt und merkt nach dem Drucken, daß die Bildteile nicht ganz zusammengehören. Dann kann man ebenfalls die Farbe des einen Bildteils in den andersfarbigen Bildteil eintupfen. Sie werden erstaunt sein, was ein paar wenige Farbpünktchen ausmachen können.

„Der kleine Flötenspieler im Garten" hatte jedoch störende grüne Streifen im Gesicht. Da das Papier recht dünn ist, traute ich mich nicht mit dem Rasiermesser daran. Anlösen mit Wasser ist gefährlich; vermalte Druckfarbe unterscheidet sich sehr von der gedruckten. Ich mischte mir mit Deckweiß und einem Tropfen Ocker den Altweißton des Papiers und stupste Punkt für Punkt die grünen Zweige mit dem Altweiß zu. Als das Weiß trocken war, setzte ich Punkt für Punkt die rotbraune Farbe des Flötenspielers darüber.

linke Seite,
„Der kleine Flötenspieler im Garten"

Holz- und Furnierdruck

Holzbretter und gewisse Furniersorten, insbesondere Eiche, haben sehr interessante Maserungen, die sich beim experimentellen Drucken bildgestaltend einsetzen lassen.

Ein Holzstück hatte eine so faszinierende Maserung, daß der Druck ohne weiteres Zutun ein Gedicht illustriert. „Altrhein“ auf Seite 9.
Das „Meer der Träume“ entstand aus dem Abdruck eines Eichenfurniers. Der obere Teil des Furniers wurde goldorange eingefärbt, der untere Teil in zwei Brauntönen. Die beiden Menschen und das Segelschiffchen sind Abdrucke von Papierschablonen.

Für die „Urmütter“ entstanden zunächst verschiedene Skizzen. Die Zeichnungen wurden seitenverkehrt mit Pauspapier auf die Furnierstücke aufgebracht. Wie gesagt, mit Transparentpapier ist das kein Problem. Man wendet einfach den Entwurf. Ist die Skizze auf gewöhnlichem Papier entstanden, kann man sie ans Fenster halten, damit die Figur auf der Rückseite durchscheint. Die Kontur zeichnet man nach und hat nun seinen seitenverkehrten Entwurf.

Furnier ist oft nur millimeterstark. Mit der Schere läßt es sich nicht zurechtschneiden, denn bei jeder leichten Verwindung bricht es. Man muß mit dem Layoutmesser die Form schneiden. Je schmaler die figurbildenden Stege, um so größer ist die Gefahr, daß das Furnier bricht.

Auch das Aufwalzen der Farbe ist eine Gefahr für das spröde Material. Ich habe deshalb Furniere vor dem Schneiden zunächst auf Karton geklebt. Unter schweren Büchern ließ ich die Verbindung trocknen, damit sich das Furnier verzogen hat. Das Ausschneiden der Figuren mit dem Cutter wurde nun zwar zu einem kleinen Kraftakt, aber dafür erhielt ich stabile Furnierschablonen.

Die Bilder der „Urmütter“ zeigen eine Kombination aus Abreibung und Druck. Zuerst legte ich die Schablonen unter den Papierbogen und walzte mit der Farbwalze über das weiße Papier. Die Schablonen waren zu diesem Zeitpunkt noch nicht eingefärbt. Die Walze rieb die Konturen der Schablonen seitenrichtig ab. Weil ich eine sehr kleine Walze verwendete, zeichnete sie zugleich ihre eigene Begrenzung in schmalen Bändern. Man kann auch eine ganz breite Walze nehmen, die das ganze Bild erfaßt, und mit Druck von unten nach oben über den Papierbogen rollen. Je nach Bildaufbau sind mir die tonigen Streifen, die einmal heller, einmal dunkler erscheinen, als Gestaltungsmittel wichtig.

Der zweite Arbeitsgang war das Drucken. Jetzt wurden die einzelnen Schablonen mit Farbe eingewalzt.

Beide Bilder zeigen angewandte Farblehre. Auf die rote Abreibung wurde grün gedruckt, auf die blaue Abreibung orange. Jede der beiden Abreibungen wurde also mit ihrer komplementären Farbe bedruckt. Das gibt in den Grenzbereichen eine gewisse Spannung. Zugleich wirken beide Bilder farblich recht ausgewogen. Das Auge ist hierin dem Gaumen verwandt. Eine Speise empfinden wir dann als abgerundet, wenn sie alle Geschmackssinne reizt. Die Suppe soll nicht einfach nur salzig, sondern zugleich ein bißchen sauer, ein klein bißchen süß, etwas scharf und vielleicht sogar ein klein wenig bitter schmecken. Genauso ist das mit dem Auge. Bilder, die nur ein kleines Segment des Farbkreises enthalten, empfinden wir manchmal als fade. Das heißt nicht, daß ein Bild ganz bunt sein muß. Die beiden Bilder „Urmütter“ sind nicht bunt. Jedoch enthält jedes der beiden Bilder alle Farben des Farbkreises.

Rot und Grün sind komplementär. Jede der beiden Farben enthält den halben Farbkreis. In Grün stecken Gelb und Blau, in Rot stecken Orange bis Violett.

Die Farben müssen nicht in gleicher Menge vorhanden sein. Orange hat viel mehr Leuchtkraft als Blau. Auch will man bewußt Akzente setzen, dem Bild eine bestimmte Aussage geben. Dem Kuchen gibt man nur eine Prise Salz bei, der Suppe nur eine Prise Zucker.

„Urmütter I“

Wichtig ist auch, daß sich einzelne Bildteile miteinander verbinden. Das ist um so wichtiger, wenn verschiedene Bildteile in unterschiedlichen Techniken erarbeitet werden. Beim Furnierdruck hat man den Vorteil, daß die Maserung den Hintergrund durchschimmern läßt.

Eine zweite Art der Verknüpfung von Vordergrund und Hintergrund kann man aus den beiden Bildern lernen. Eine Figur wurde sehr zart in der Vordergrundfarbe gedruckt, so daß sie eher mit dem Hintergrund verbunden scheint. So vermittelt sie zwischen Vorder- und Hintergrund.

Die blau-orange Version der „Urmütter" zeigt das Gestaltungsprinzip „große Gruppen gegen kleine Gruppen". Die beiden Gruppen teilen die Formatbreite im Goldenen Schnitt. Diese Teilung wurde nicht exakt berechnet und markiert, sondern aus der Betrachtung des Gesamtaufbaues und dem inneren Gestaltungsgefühl erzeugt.

Musikinstrumente aus Holz lassen sich sehr schön mit Furnier drucken. Am besten zeichnet man die einzelnen Instrumente in verschiedenen Größen und Ansichten. Danach stellt man sich ein kleines Sortiment an Druckschablonen her. So kann man während der Arbeit direkt gestalten.

Mich hat es gereizt, eine Partitur mit in Szene zu setzen. So fotokopierte ich mir Notenblätter in verschiedenen Größen auf DIN-A3-Kopierpapiere.

Beim Bild „Musikplakat II" wurden die gelben Schatten per Abreibung ins Bild gebracht. Die Instrumente wurden dann in zwei Farben leicht versetzt hineingedruckt.

linke Seite,
„Urmütter II"
rechte Seite,
„Musikplakat I und II"

Erzählende Bilder

Stück für Stück wurde experimentiert mit den verschiedenen Gestaltungsmöglichkeiten.

Mit diesen Erfahrungen können nun erzählende Bilder gestaltet werden. Die Technik hat man jetzt so weit im Griff, daß der Zufall kalkulierbar wird. Das heißt, man kann das Ergebnis in die richtige Richtung steuern. Ob ein Bild heiter oder düster werden soll, ob die Farben Hitze oder Kälte ausstrahlen, ob Ruhe oder Dynamik das Werk beherrschen, das sind Dinge, die jetzt gezielt eingesetzt werden können.

Vergleichen wir die beiden Bilder „Hans im Glück" auf Seite 39 und „Bauernküche" auf Seite 38. Auf völlig verschiedene Weise erzählt jedes Bild seine Geschichte. Hans geht über eine sonnige, sommerliche Wiese, vorbei an einem von Licht umgebenen Baum. Die Hintergrundfarbe, mit der Walze aufgebracht, findet sich im Baum und im Hans wieder. Baum und Hans sind gedruckt, die Grasbüschel entstanden über die Monotypie. Ganz anders wurde die „Bauernküche" erarbeitet. Sie entstand als Abreibung auf hellgrünes Papier. Durch das Fenster fällt auch Licht, aber die Küche bleibt doch rußig und ein bißchen dunkel; genau die Atmosphäre, die so eine altertümliche Küche hat. Es ist sehr wichtig, ehe man zu arbeiten beginnt, intensiv an das Bild zu denken, das man erschaffen will.

linke Seite, „Bauernküche"
unten „Hans im Glück"

„Sardischer Wein" ist der Titel des Bildes mit der Korbflasche. Im Hintergrund ahnt man die Muster der sardischen Volkskunst, eine Tischdecke oder ein Wandbehang. Der Vordergrund wiederholt die Farbigkeit und verbindet so Abklatsch und Schablonendruck. Einen Abklatsch kann man nicht auf Anhieb mit einer ganz bestimmten Aussage erzeugen. Man muß eine Serie machen und nach jedem Abklatsch den Farbauftrag entsprechend korrigieren. Schließlich kann man aus einem großen Fundus genau das richtige Blatt mit der entsprechenden Stimmung auswählen.

Aus einem Zyklus von über vierzig Bildern habe ich hier fünf Arbeiten ausgewählt, die das Kapitel „Erzählende Bilder" abschließen sollen. Sie alle illustrieren eine Erzählung mit dem Titel „Langsam folgt mir eine verschleierte Frau". Die Erzählung handelt von einer Reise durch Nordafrika, die mich tief beeindruckt hat. Die Landschaft mit ihrem Wechsel von heißer, karger Wüste zu üppigen Oasen, die wilden Berge des Atlasgebirges, die märchenhafte arabische Architektur mit den farbigen Azulejos, die feinen Stuckornamente, die trutzigen Hausburgen der Berber, die roten gewobenen Teppiche, die pulsierenden Märkte und Bazars und das Leben der Frauen in der Abgeschiedenheit ihrer Häuser, das alles hat mich so gefangen genommen, daß ich dieses Thema wieder und wieder bearbeiten mußte. Zuerst machte ich eine große Fotoausstellung. Die Fotografien zeigten das Leben, die Landschaft, die Architektur. Aber sie konnten nichts aussagen über die Hitze der Wüste, die Kühle der Innenhöfe. Auch über die herzliche Offenheit der Frauen, über die Märchenhaftigkeit der Bazare wußten die Fotos nichts.

Betrachten wir das Bild „Koranschule". Es zeigt eine Fassade aus Säulen und Bogen, und zugleich zeigt es das Hinweggleiten in die Ferne, in die Träume. Das grüne Papier wurde mit verschiedenen Grün-Blau-Tönen bedruckt. So wird die Kühle im Schatten des Innenhofs spürbar.

linke Seite, „Sardischer Wein"

unten „Koranschule"

oben „Wüste"

rechts oben, „Berberfrauen"

rechts unten, „Bazar von Rabat"

Den Gegensatz hierzu findet man im Bild „Wüste". Auf gelblichem Grund sind verschiedene Gelb- und Brauntöne gedruckt. Manchmal scheinen die Konturen im Licht zu verschwimmen.

Zwei Bilder in Rottönen auf gelblichem Grund finden wir in den Arbeiten „Berberfrauen" und „Bazar von Rabat".

„Berberfrauen" wurde von großen Schablonen gedruckt. Die Frau auf der rechten Seite ist 28,5 cm hoch. Von wenigen Ausnahmen abgesehen, haben alle Bilder dieses Zyklus' etwa die Abmessungen 30 × 40 cm.

„Bazar von Rabat" ist sehr kleinteilig aufgebaut. Die herabhängenden Stoffe und Teppiche des Bazars sind durch Gewebestücke visualisiert. Gelegentlich kaum auffindbare Türen und Vordächer wurden durch Furnierstücke angedeutet. Betrachten Sie die Ästhetik der Figuren. Man glaubt, unterm Schleier und im Kaftan sehen alle Leute gleichermaßen unförmig aus. Tatsächlich unterscheidet sich jede Figur durch den besonderen Faltenwurf ihres Umhangs. Erst als ich begann, die Schablonen für diesen Zyklus zu schneiden, wurde mir die Vielfalt der Formen und die außerordentliche Ästhetik bewußt.

Das fünfte Bild dieses Reigens befindet sich auf dem Buchumschlag. „Algerische Hochebene". Zu diesem Bild gibt es einen zweiten Druck mit dem selben Motiv, aber anderen Farben. Sie sollten das einmal ausprobieren. Ein anderer Papierton, eine andere Farbigkeit des Drucks bei gleichem Motiv und schon ändert sich die Stimmung ganz gewaltig. Das Bild auf dem Titel erzählt von der Hitze des Tages, die sich in Sand und Gestein gebrannt hat. Das andere Bild ist mit Ocker und grünlichen Farben auf chamoisgelben Untergrund gedruckt. Dieses Bild wirkt frischer – ein junger Morgen, ehe die Hitze kommt.

Plattendrucke

Styropordruck

Die bisher besprochenen Techniken lieferten durchweg Unikate. Bei den Plattendrucken wird eine kleine Auflage möglich.

Das erste Medium soll die Styroporplatte sein. Zirka 3 mm stark kauft man sie in gewaltigen Größen ungefähr 1 × 2 m im Baumarkt. Sie werden gewöhnlich als Dämmaterial unter die Tapete geklebt. Ein preiswertes Material, mit dem man durchaus einmal experimentieren sollte. Mit einem Stift, einer Stricknadel oder einer Zirkelspitze prägt man Rillen. Manche Filzstifte enthalten ein Lösungsmittel, das das Styropor anlöst. Man kann ohne Druck auf die Platte zeichnen, und das Lösungsmittel gräbt Rillen. Feine Linien sollte man mit der Zirkelspitze drücken. Den Styropordruck aber bitte nicht mit der Feinlinigkeit einer Radierung anlegen. Man kann beim Styropor keine Abbildungsschärfe wie bei der Radierung erwarten. Legt man die Linien zu dicht aneinander, wird die ganze Fläche dazwischen unsauber. Styropor hat auch eine Faserrichtung. Sie werden merken, in eine Richtung kann man ohne jeden Widerstand ritzen, im rechten Winkel dazu bröckelt die Kante, und man kommt nicht gut voran. Das muß man in Kauf nehmen und geduldig arbeiten. Beim Zuschneiden der Druckplatte kann der Faserlauf vertikal oder horizontal festgelegt werden. Hat man im Entwurf viele vertikale Linien und weniger horizontale, so kann man sich also ein bißchen helfen.

„Am Fenster" ist eine Arbeit, die dem Material Styropor entspricht. Einfache, klare Formen, festumrissene Flächen. Der Papierton im Fenster und im Gesicht steht deshalb so ungetrübt, weil Fenster und Gesicht aus der Platte herausgeschnitten wurden. Wenn man davon ausgeht, daß nur Licht von hinten durch das sichtbare Fenster in den Raum fällt, scheint das helle Gesicht unlogisch. Formale Überlegungen rechtfertigen es wieder. Fenster und Figur stehen in einer doppelseitigen Groß-Klein-Beziehung zueinander. Die große Figur vor dem kleinen Fenster – das große helle Fenster hinter dem kleinen hellen Gesicht.

„Kleiner Clown"
rechte Seite, „Am Fenster"

Der „Kleine Clown" wurde mit Zirkelspitze, Stricknadel und Filzschreiber gezeichnet. Die dicken, hellen Falten im Vorhang stammen vom Filzschreiber. Mit den kleinen Gummiwalzen wurde vorsichtig Linoldruckfarbe aufgebracht. Um mit der grünen Walze fast nur den Clown zu treffen, reißt man sich Papierschnipsel und legt sie rund um die Fläche, die grün werden soll. Achtung, nicht steril werden. „Alles muß in allem enthalten sein". Das Bild ist tot, wenn die Farben exakt und hart gegeneinander abgegrenzt sind. Mund, Augen und Nase lassen sich nicht mehr mit der Walze einfärben. Der Mund ist nur 2,5 cm lang. Hier muß man mit dem Pinsel dran oder einfach mit dem Finger. Den Finger auf die Farbe, dann auf die entsprechende Gesichtspartie drücken, schon ist eingefärbt. Dieses Bild könnte ein Plakat werden, „Kommt alle zum Kinderzirkus am Donnerstag um drei Uhr". Man kann eine kleine Auflage (10 Stück) davon drucken. Da man die verschiedenen Farben in einen Druckstock bringt, wird jeder Druck ein bißchen anders ausfallen.

Die beiden nächsten Styropordrucke zeigen Menschengruppen. In sehr unterschiedlicher Weise wird jeweils ein Raumgefühl erzeugt. Bei den „Nackten" entsteht der Raum durch das Hintereinander der Figuren und durch das Changieren der Grautöne. Diese interessanten Helligkeitsunterschiede entstanden durch ungleichmäßiges Einwalzen mit einer kleinen Walze.

Das „Ballett" zeigt zugleich die Grenze der Leistungsfähigkeit des Styropors. Das Originalbild ist 45 × 45 cm groß. Der Tänzer in der Mitte hat etwa 32 cm Körperlänge. Feinere Linien gehen im Druck verloren. Dieses Bild wurde mit Öldruckfarben hergestellt, weil diese transparenter im Übereinanderdruck bleiben. Mit mehreren kleinenFarbwalzen färbte ich so ein, daß sich die Farben überlagern, so entstehen Mischfarben wie Grün und Orange. Der Bühnencharakter ist durch die schmalen Helligkeitskegel gegeben, ringsherum fällt alles in tiefe Dunkelheit.

oben „Ballett"
rechte Seite, „Nackte"

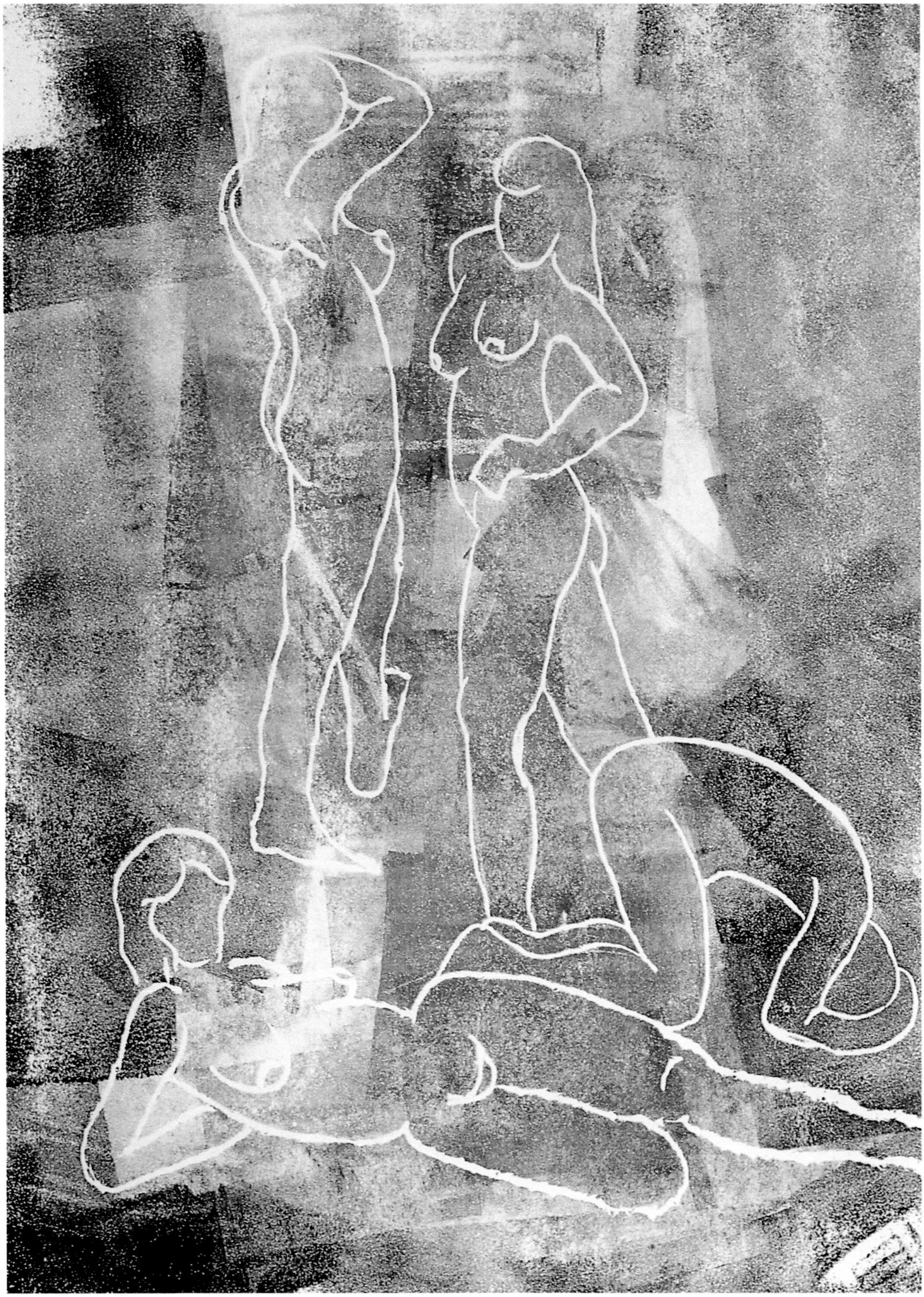

Das abschließende Bild zu den Styropordrucken ist die „Korbflasche". Der Bast wurde mit Filzschreiber in Styropor gezeichnet. Diese Linien haben nicht an allen Stellen die gleiche Tiefe. Dadurch ist die Farbigkeit im Abdruck unregelmäßig und erhält mehr Stofflichkeit. Den Raum rings um die Flasche beleben aufgelegte Straminstücke. Das Farb- und Lichtspiel in und um die Flasche herum und die Gewebestücke belegen das Bild. Sie nehmen dem Styropor etwas von seiner Starrheit.

Linol- und Holzschnitt

Linolschnitt und Holzschnitt lassen sich gemeinsam besprechen, weil es sich um gleichartige Grundtechniken handelt. In beiden Fällen schneidet man eine Grafik in eine ebene Platte aus Linol oder Holz. Für Linoleum kann man durchaus die Kerbholzschnittmesser verwenden. Die preiswerten, sehr einfachen Linoleummesser sollte man jedoch nicht am Holz erproben; sie halten der Härte des Holzes nicht stand.

Linoleummesser erhält man im Bastelgeschäft, im Künstlerbedarf oder -versand. Es gibt sie mit austauschbaren Klingen oder fest im Griff. Die Klingen sind unterschiedlich geformt, um verschiedene Schnitte ausführen zu können. Mit einem schmalen Geißfuß kann man feine saubere Linien schneiden. Seine Schneide ist V-förmig gestaltet. Mit den U-förmigen Hohlmessern lassen sich breite Linien und ganze Flächen ausheben.

Saubere Konturen schneidet man mit einem spitzen, flachen Trennmesser. Kerbholzschnittmesser sind ganz genauso geformt, aber von härterem Stahl. Sie lassen sich auch nachschleifen, was bei den ganz einfachen Linolmessern kaum möglich ist. Holzschnittmesser erhält man auch in Heimwerkergeschäften oder Messerfachgeschäften. Mit einem Trennmesser, einem feinen Geißfuß und einem mittleren Hohlmesser kann man die meisten Entwürfe realisieren.

linke Seite, „Korbflasche"

Viele Entwürfe können sowohl als Holzschnitt und auch als Linolschnitt ausgeführt werden.

Sperrholz oder besser das japanische Sperrholz aus dem Künstlerbedarf erhält man in konfektionierten Platten wie das Linoleum. Lindenholzstöcke sind dicker, aber genauso zu bearbeiten. Eventuell muß man das Holz vor dem Schneiden abschleifen, damit keine Splitter abstehen, die sich hernach unschön im Druck bemerkbar machen. Wunderbare Drucke lassen sich mit stark gemasertem Holz erstellen. Hierfür gelten andere Regeln als für die Sperr- und Lindenholzschnitte. Wir kommen später darauf zu sprechen.

Linolschnitt und Holzschnitt sind Techniken, die harte Ja/Nein-Aussagen machen. Da grenzte in einer scharfen Kante hartes Weiß an hartes Schwarz. Die malerischen Zwischentöne, mit denen wir bislang gearbeitet haben, fallen hier weg. Man muß sich an jeder Stelle seines Bildes für Ja oder Nein entscheiden. Ein Vielleicht gibt es nicht. Es bedarf eines sehr präzisen Entwurfes, um beim Schneiden genau zu wissen, was man entfernen will. So kann es nicht passieren, daß plötzlich zwei sich fremde weiße Flächen aneinanderstoßen, ohne daß ein trennender schwarzer Steg dazwischen geplant ist.

Es drucken die unbearbeitenden Flächen, die stehengelassenen Linien. Was rausgeschnitten wurde, erscheint weiß in der Abbildung.

Den ersten Entwurf sollte man nicht zu diffizil gestalten. Zu feine Schwarzlinien brechen leicht aus. Viel Weißanteil im Bild bedeutet viel schneiden. Als erstes Motiv für diese Technik eignet sich zum Beispiel eine Maske. Beim Linol- und Holzschnitt muß man ebenso wie in den vergangenen Techniken vereinfachen; Wesentliches herausarbeiten, wenig informative Details vernachlässigen.

„Zebras"

rechte Seite, „Friedenstaube"

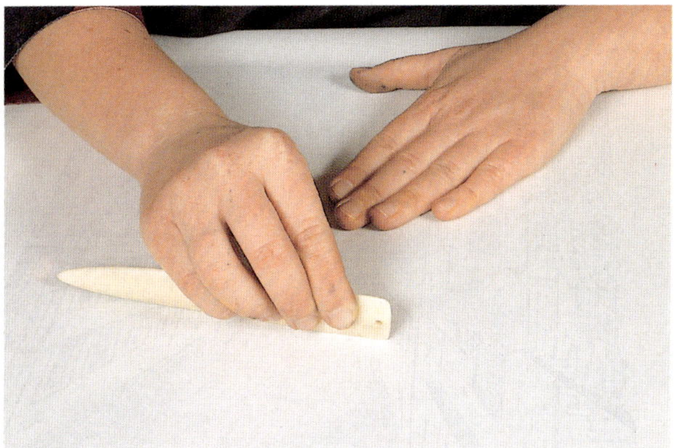

Das Foto oder die Bleistiftzeichnung als Vorlage muß zunächst in die Sprache des Hochdruckes übersetzt werden. Hierzu teilt man die Bildteile in schwarze und weiße Flächen und Linien ein. Sehr leicht geht das zum Beispiel mit einem Bildmotiv „Fachwerkhaus“. Häuserzeilen überhaupt scheinen sich dem Hochdruck geradezu anzubieten, denn sie sind schon in weiße und schwarze Flächen und Linien eingeteilt durch den Wechsel von Fenstern, Mauern, Arkaden, Türen, Fensterläden, Wäscheseilen etc. Den Entwurf bringt man mit blauem oder gelbem Pauspapier auf das Linoleum oder den Holzstock.

Mit dem Trennmesser schneidet man die Konturen. Für feine Linien setzt man den Geißfuß an, für Flächen ein Hohlmesser. Mit Geißfuß und Hohlmesser schneidet man im rechten Winkel auf den Konturschnitt zu, dann brechen die Späne sauber ab. Hohlmesser und Geißfuß setzt man erst schräg von oben an, sticht also ins Material ein, und führt das Messer dann möglichst flach, sonst gräbt man sich zu tief ins Material. Das ist kräftezehrend und schwächt die Druckplatte. Es reicht völlig aus, wenn der Schnitt einen Millimeter tief ist.

Um sich nicht zu verletzen, schneidet man immer vom Körper weg. Man kann die Platte einspannen, damit sie nicht verrutscht, jedoch sollte man sie in jedwede Richtung einspannen können, damit man von allen Seiten schneiden kann. Spannt man den Holzblock ein, so hat man die Möglichkeit, härteres Holz mit mehr Kraft im Stehen zu bearbeiten und gelegentlich den Bildhauerbeitel einzusetzen.
Beim Linolschnitt ist das nicht nötig.

Während des Schneidens lege ich die linke Hand hinter die messerführende rechte auf die Platte, damit das Linoleum nicht verrutscht. Man kann auch die rechte Hand mit der linken Hand unterstützen, damit sie beim Schneiden nicht abrutscht. Späne und feine Krümel müssen sorgfältig herausgeschnitten werden. Sie reißen sonst beim Drucken Löcher ins Papier oder erzeugen häßliche blinde Flecken in einer geschlossenen Farbfläche.

Hat man eine Weile am Druckstock gearbeitet, kommt man meist an den Punkt, wo man sich nicht sicher ist, ob gewisse Flächen noch herausgeschnitten werden sollten oder nicht. Dann muß man unbedingt einen Probedruck machen. Denn was einmal herausgeschnitten ist, ist unwiederbringlich. Mit einem

rechte Seite, „Gondola I“

Fehlschnitt zerstört man eine wunderbare Arbeit. Den Probedruck macht man am besten auf weißes Papier. Jetzt können mit Deckweiß Flächen abgedeckt werden, von denen man meint, sie müßten noch entfernt werden. Man kann verschiedene Versionen probieren. Erst wenn man sicher ist, werden die Teile aus dem Druckstock geschnitten.

Hat man dennoch einen Fehlschnitt gemacht, sollte man nicht gleich verzweifeln. Vielleicht kann man den Entwurf etwas abändern, so daß der Fehler als solcher nicht mehr erkennbar ist. Sollte gar nichts möglich sein und handelt es sich um eine kleine Stelle, kann man zu kitten versuchen. Manche quetschen einen dicken Tropfen zäher Ölfarbe in die Fehlstelle und lassen das Ganze austrocknen. Eventuell kann man auch Spachtelmasse nehmen. Ich suche mir aus dem Abfallhaufen einen Span, den ich eben aus der Platte geschnitten habe, und klebe ihn wieder hinein. Dann kann ich sicher sein, daß an dieser Stelle die Farbe das gleiche Druckbild wie im Umfeld haben wird. Sind es größere Stellen, so kann man nur aus dem geplanten Einplattendruck einen Zweiplattendruck machen.

Die Farbe wird mit der Walze auf den fertigen Druckstock aufgebracht. Bei dieser Art des Druckens ist die Qualität der Walze für das Druckergebnis mitverantwortlich.

Den gleichmäßigsten Farbauftrag erhält man, wenn die Walze so breit wie der Druckstock ist. Eine sehr harte Walze läßt beim Holz die feine Maserung erscheinen, weil sie nur färbt, was genau an der Oberfläche liegt. Eine weiche Walze färbt tiefer ein und ergibt einen satten Druck.

Linol- und auch Holzschnitte kann man mit wasserlöslicher und mit Öldruckfarbe drucken. Probedrucke, die ich in bestimmten Arbeitsabständen mache, um den Reifungsgrad zu prüfen, drucke ich immer mit wasserlöslicher Farbe.

Linol- und Holzschnitt verlangen kein spezielles Papier wie die Radierung. Angefangen bei unbedrucktem Zeitungspapier über Packpapier, Schreibpapier und Japanpapier geht alles, was nicht zu glatt ist. Dünnes Papier läßt sich sehr leicht von Hand bedrucken, schweres Büttenpapier bedruckt man besser mit der Presse. Dieses Papier sollte kurz gewässert und über Nacht zwischen dicke Preßpappe und unbedrucktes Zeitungspapier gelegt werden.

Beim klassischen Holz- und Linolschnitt hört die Kreativität auf, wenn der Schnitt vollendet ist. Dann ist präzise Technik gefragt. Um immer den gleichen Stand des Abdrucks auf dem Druckbogen zu gewährleisten, macht man sich Paßmarken in Form von Klebstreifenwinkeln, um die Ecken des Druckstockes und des Papierformates zu markieren. Die Auflagenhöhe wird von vornherein festgelegt und die Drucke in der Reihenfolge ihrer Herstellung numeriert. 7/100 ist der 7. Druck von einer hunderter Auflage. Manchmal sind die ersten Drucke einer Auflage teurer als die letzten. Der Druckstock wird ja von Mal zu Mal ein klein bißchen „müder“. Daß heißt, die Zeichnung verliert an Schärfe, die wenig tiefen Stellen, beispielsweise der Maserung, setzen sich zu. Durch den großen Druck der Presse wird der Druckstock auch gequetscht; ein Grund, Maserholz mit der Hand abzudrucken.

Das experimentelle Drucken läßt auch nach dem Schnitt kreative Eingriffe zu. Die Wahl des Papierfarbtones wäre einer. Man kann einen Holz- oder Linolschnitt mehrfarbig einwalzen.

Holz- und Linolschnitt sind starr in ihrer Grafik. Sie sagen an jeder Stelle ja oder nein. Das ist gerade der Reiz dieser Technik. Sie mit einem duftigen Abklatsch zu kombinieren, der seinerseits an jeder Stelle sagt: „vielleicht“, das ist schon sehr verrückt. Die harte Grafik auf ein unscharfes Traumbild zu setzen, ist gewagt!

Im Falle der „Gondola“ habe ich es gewagt. Es handelt sich um einen alten Druck, den ich vor vielen Jahren gemacht habe. Lange saß ich davor und überlegte, ob ich ihn noch mochte. Einerseits gefiel er mir, andererseits mißfiel mir der große dunkle Himmel. Starr ist es, dieses Gemäuer, das doch eigentlich Falten und Runzeln des Alters trägt, starr dieses Wasser, das die Häuser spiegeln müßte. Ich suchte mir Abklatschpapiere heraus, die morbides Mauerwerk und Wasserspiegelungen illustrieren könnten, und walzte den Linolschnitt in den Farben der Abklatschpapiere ein. Das Ergebnis hat dem Bild in meinem Kopf verblüffend stark entsprochen.

Linolschnitt eignet sich auch sehr gut für Gebrauchskunst. Es ist ein Medium, in dem man sehr schnell zu einem Ergebnis kommt, also sehr gelegen, um ein paar Weihnachtskarten für liebe Freunde zu machen oder sogar ein besonderes Geschenkpapier. Packpapier wirkt richtig edel, wenn es bedruckt ist. Für solche Dinge kann man ganz reduzierte Formen und Figuren wählen, wie wir es für unsere letztjährige Weihnachtspost taten.

rechte Seite, „Gondola II“

Mehrfarbenschnitt

An einem Beispiel möchte ich den Mehrfarbenschnitt erklären. Er ist sehr aufwendig. Der Entwurf sollte genauestens durchgearbeitet sein, ehe man darangeht. „Tiger im Dschungel" ist ein Vierfarbenlinoldruck. Er ist in maserungslosem Holz gleichermaßen zu realisieren.

Zuerst zeichnete ich den Tiger und legte ihn farbig an. Ich war mir unsicher, wie ich das Dschungelgras in Szene setzen sollte, in welchen Bereichen es den Tiger verdecken durfte. So legte ich ein Transparentpapier auf meine Tigerzeichnung. Mit dem Bleistift pflanzte ich Dschungelgras. Hätte mir das Ergebnis nicht gefallen, wäre das Transparent im Papierkorb gelandet. Dem Tiger aber wäre nichts passiert. Auch der Vordergrund wurde mit Farbe belegt. Jetzt ging es schon darum, die vier Farben, die ich einsetzen wollte, so zu plazieren, daß im Übereinanderdruck kein heilloses Dickicht entstand.

Grenzbereiche, an denen die gleiche Farbe einmal Blatt, einmal Tiger bedeutet, sind sehr heikel. Man muß gut überlegen, ob man eine trennende Farbe, beispielsweise Schwarz, dazwischenlegen muß. Wie weit kann man bei der Abstrahierung gehen, damit das Auge hernach nicht die falschen Flächen verbindet? Vorsichtiges Herantasten ist mein Rat, und den Entwurf peinlich genau durcharbeiten.

Dann wird ein Schwarzfilm gezeichnet. Die dominierende Farbe, die am meisten Bildinformation enthält, wird als erstes geschnitten. Das muß nicht immer schwarz sein. Man legt ein Transparent auf den Entwurf und zeichnet ganz genau die Flächen und Stege der dominierenden Farbe durch. Dabei unterscheidet man nicht zwischen Vorder- und Hintergrund. Anschließend wird der Schwarzfilm auf die erste Druckplatte aufgepaust. Vorsicht, hier spätestens muß geklärt sein, ob der Entwurf seitenrichtig oder seitenverkehrt gedruckt werden soll.

linke Seite, „Gondola III"

„Tiger im Dschungel"

Ist die Schwarzplatte geschnitten, wählt man die zweitwichtigste Farbe. Wieder zeichnet man aus dem Entwurf alle Teile heraus, die die zweite Farbe tragen sollen. Alle Druckplatten müssen genau gleich groß sein. Die zweite Farbanlage wird auf die zweite Platte gepaust. Zusätzlich kann man den Schwarzschnitt aufbringen. Das geht so:

Die Schwarzplatte wird mit wasserlöslicher Farbe auf Papier gedruckt. Dieses frisch bedruckte Papier wird sofort auf die Platte Nr. 2 abgerieben. So sieht man den Schwarzschnitt beim Schneiden der zweiten Platte und kann sich das Ergebnis besser vorstellen.

Nach der zweiten Platte schneidet man die dritte, vierte, fünfte. Man muß die Platten nicht in der Reihenfolge schneiden, in der man sie nachher zusammendruckt. Zur Kontrolle sollte man aber die geschnittenen Platten schon übereinanderdrucken. Man sieht dann, wie das Bild wächst. Druckt man später mit Farben, die leicht durchscheinen, so kann man Mischfarben erzeugen, indem man zum Beispiel in der Blauplatte eine Partie stehen läßt, die auch gelb gedruckt wird. Es entsteht Grün.

Beim Mehrfarbendruck wie beim Einfarbendruck soll man Probedrucke machen, ehe man zuviel wegschneidet. Ich druckte erst alle vier Farben zusammen, ehe ich einzelne Platten nachschnitt. An dieser Stelle entscheidet sich auch, in welcher Reihenfolge man die Platten druckt. Für die Auflage werde ich in meinem Beispiel „Tiger im Dschungel" mit der Ockerplatte beginnen, weil sie großflächig ist, dann grün drucken, dann braun. Im Gründruck zeigen sich manchmal grüne Stege in der „grünfreien" Fläche, sprich im Tiger. Beim Einfärben trifft man mit einer kurzen Walze gelegentlich in große ausgehobene Flächen. Ich drucke als dritte Farbe Braun, weil sie eventuell auftretende grüne Streifen im Tiger überdeckt. Zuletzt drucke ich schwarz, denn die Farbe ist in diesem Fall bildklärend und rückt jedes Farbsegment an seinen Platz im Vordergrund, Mitte oder Hintergrund.

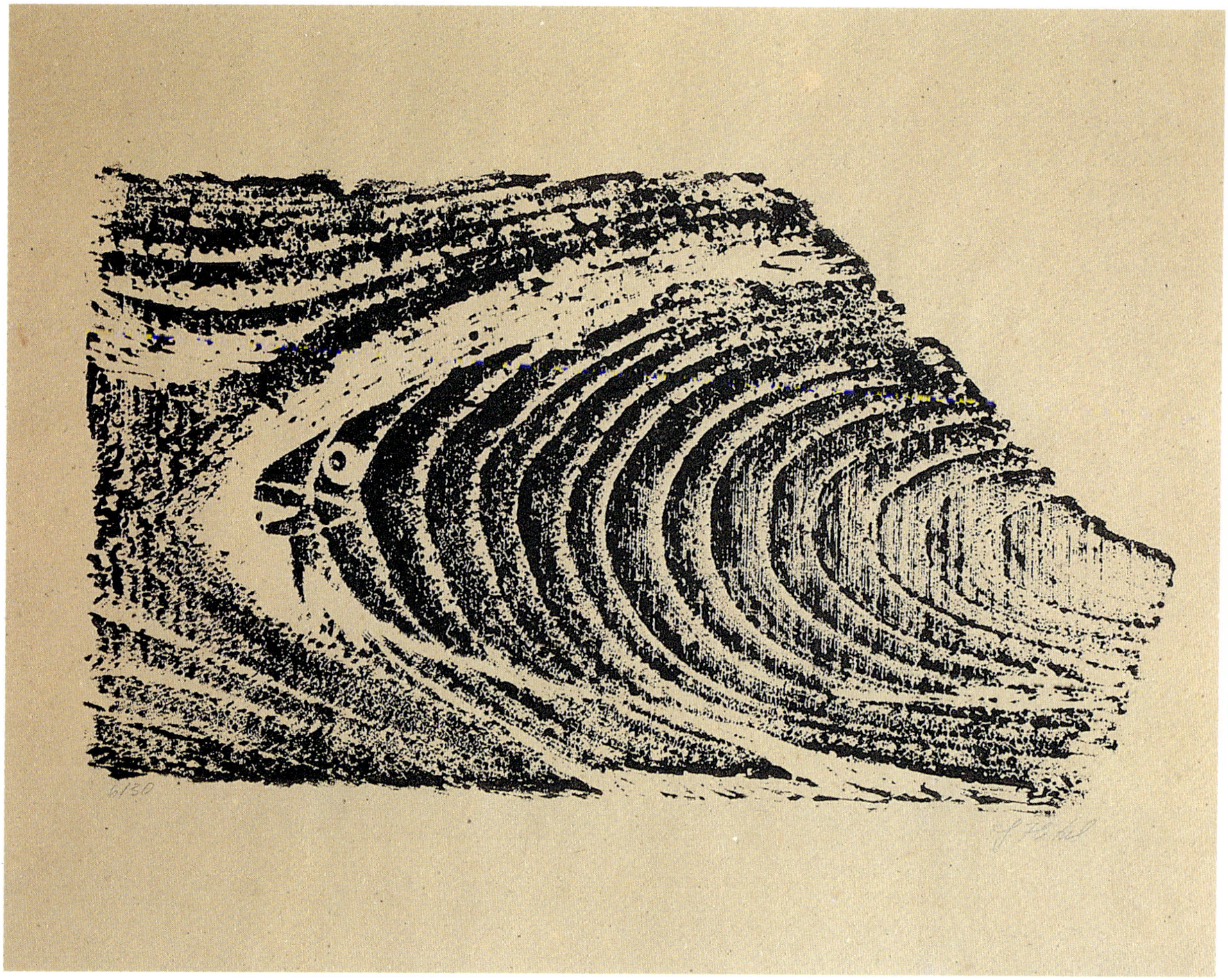

„Der Fisch“

Drucke mit gemasertem Holz

Gemasertes Holz muß man anders bearbeiten als Sperrholzplatten. Man darf nicht unbekümmert darauflosschneiden. Ich drucke mir ein solches Brett erst einmal ab, um zu sehen, was es bietet. Die Rohdrucke von verschiedenen Druckstöcken pinne ich mir an die Holzwand oder breite sie auf dem Fußboden aus. Lange schaue ich sie mir an. Plötzlich erwachen sie zu Leben. Ich sehe Figuren, eingeschlossen in der Maserung der einzelnen Druckstöcke. Mit dem Messer bin ich allenfalls derjenige, der diesen Figuren die Tarnkappe abnimmt; ich mache sichtbar, was schon da ist. Das bedingt ein sehr behutsames Arbeiten.

Die Bretter und Baumabschnitte finde ich in den Abfallkisten der Sägewerke und bei Zimmerleuten. Man weiß nicht sicher, was man fortträgt. Manche Holzstücke offenbaren sich, wenn sie abgeschliffen sind, andere erst, wenn man sie abdruckt. Um die Maserung stärker herauszuholen, kann man mit einer feinen Stahlbürste nachhelfen.

Man muß unbedingt in Faserrichtung arbeiten und läuft in jedem Fall Gefahr, eine andere Struktur hineinzuarbeiten. Wenn man mit einer harten Walze einfärbt, tritt die Maserung meist deutlich genug heraus.

„Vogeljunge"

„Der Fisch": ein besonderer Glücksfall, hatte mir ein Brett zugetragen, das schräg zu den Jahresringen aus dem Baum gesägt war. Es ist 16 × 30 cm groß. Im Rohabdruck sah ich schon den Fisch. Mit Deckweiß deckte ich im Druck ab, was ich herauszuschneiden gedachte, und arbeitete dann sehr vorsichtig mit dem Messer. Geißfuß und Hohlmesser hinterlassen sehr charakteristische Spuren. Bei diesem Druck wollte ich jedoch nicht, daß die menschliche Hand spürbar würde. Gewachsenes und Gemachtes sollten eine untrennbare Einheit bilden. So arbeitete ich fast ausschließlich mit dem Konturenmesser.

„Vogeljunge" heißt der zweite Druck dieser Kategorie. Ein Märchen erzählt von einem kleinen Jungen, der sich in einen Vogel verwandeln kann. Ihn sah ich in diesem Druckstock und löste ihn heraus. Hier ging ich beherzter dran. Die Maserung war großflächig und strukturierte deutlich das Gefieder. Die grobe Maserung vertrug durchaus das Pendant der ebenfalls groben Hohlmesserstruktur.

„Sitzende vor Holz"

„Nachtvogel"

Farbholzschnitte von „gewachsenen Holzstöcken"

Sie müssen anders aufgefaßt werden, als Lindenholz- oder Sperrholzschnitte. Bei Maserholz kann man nicht verlangen, daß die Druckstöcke gleich groß sind und die jeweiligen Höhepunkte der Maserung genau an der richtigen Stelle liegen. Man muß viel eher vorgehen wie bei den Schablonendrucken. Verschiedene Teile werden zu einem Ganzen verbunden. Man sucht Druckstöcke zusammen, die ein Bild geben.

Die „Sitzende" wurde mit der Laubsäge ausgesägt. Zuerst wurde der Hintergrund abgedruckt, ein Baumabschnitt, an dem man Sägespuren erkennt. Die „Sitzende" wurde darauf gedruckt.

Hierzu nutzen genaue Passermarken wie im Auflagendruck wenig. Man muß die Figur nach optischen Gesichtspunkten im Druck plazieren, andrücken und Druckstock samt Druckpapier umwenden, um von hinten abreiben zu können.

Der „Nachtvogel" besteht aus drei Druckstöcken. Körper und Flügel und Schwanz waren ein Fundstück, der Kopf das zweite, der ruhige Hintergrund der dritte. Der Druck ist im Original 30 × 44 cm groß.

Anhang

Verzeichnis der Werke mit Originalgrößen